基礎法学翻訳叢書

アメリカ
連邦最高裁判所

リンダ・グリーンハウス 著
高畑英一郎 訳

THE U.S.
SUPREME
COURT:
A
VERY
SHORT
INTRODUCTION

Linda Greenhouse

keiso shobo

THE U.S. SUPREME COURT:
A VERY SHORT INTRODUCTION, THIRD EDITION
by Linda Greenhouse

アメリカ連邦最高裁判所　目次

目次

序文……1
第一章　起源……3
第二章　連邦最高裁判所の任務1……17
第三章　連邦最高裁判所判事……33
第四章　連邦最高裁判所長官……51
第五章　連邦最高裁判所の任務2……63
第六章　連邦最高裁判所と他の政府機関……77
第七章　連邦最高裁判所と国民……95
第八章　連邦最高裁判所と世界……109

参考文献　115
引用判例　126
文献案内　131
ウェブサイト　144
訳者あとがき　145
付録1——アメリカ合衆国憲法三条　*xix*
付録2——連邦最高裁判所規則　*xxi*
付録3——判事一覧　*xxiv*
索引

［図表一覧］

1．旧商業取引所
2．ジョン・マーシャル長官
3．4名の女性判事
4．ウィリアム・O・ダグラス判事
5．ウィリアム・ハワード・タフト長官
6．政治家時代初期のアール・ウォーレン長官
7．現庁舎の起工式
8．連邦最高裁判所の法廷
9．「ブッシュ対ゴア」事件の開廷表
10．オバマ次期大統領（当時）の訪問
11．サーグッド・マーシャル元判事の追悼

［凡例］

・連邦最高裁判所の裁判官は「判事」と表記し、その他の裁判所の裁判官とは区別している。
・合衆国憲法は、初宿正典・辻村みよ子編『新解説世界憲法集〔四版〕』（三省堂、二〇一七年）と松井茂記『アメリカ憲法入門〔九版〕』（有斐閣、二〇二三年）を参考に訳出した。
・［　］は訳者による補足を示す。

序文

連邦最高裁判所の専属カメラマンであるスティーブ・ペットウェイは、本書掲載の写真の大半を選ぶのに快く協力してくれた。私には二〇一七年に引退したスティーブのプロフェッショナルな情熱の恩恵を受けた三冊の著作があるが、そのうちの一冊が本書で、あらためて彼に感謝したい。早い段階で原稿にコメントしてくれたサンフォード・レヴィンソンと、各章を書き上げるたびに読んでくれた夫で同僚のユージン・フィデルに感謝する。編集者のナンシー・トフは私をこの企画に誘い、世界は連邦最高裁判所についてもっと知りたいという好奇心旺盛な読者で満ちあふれていると私が思い込むよう導いてくれた。彼女がそうしてくれたことをありがたく思う。

第一章　起　源

「合衆国の司法権は、一つの最高裁判所と、連邦議会が随時制定し設置する下級裁判所に属する。」

これらの文言は合衆国憲法三条の冒頭の一文であり、これにより、この憲法の起草者たちは当時世界で知られていなかった機関の誕生を宣言した。それは、合衆国の憲法と法律「のもとで発生する」事件を判決する権限をもつ全国的な裁判所である。合衆国憲法が制定された一七八七年当時、実際にその権限が何を意味するのか、つまり新政府の二つの民選機関との関係で連邦最高裁判所の役割が何であるのかは、厳密にはまったく明らかではなかった。その役割は今日でもなお議論の的であって、連邦最高裁判所の判事に指名された者は、連邦議会上院の司法委員会の委員たちから、連邦最高裁判所の権限を「司法積極主義」ともいうべき方法で行使するのにまったく関心がないと表明するよう常に求められているのである。

本書は、連邦最高裁判所の歴史を語ることを第一の目的とはしていない。読者に連邦最高裁判所が今日どのように機能しているのかを理解してもらうことが、本書の目的である。連邦最高裁判所の歴史を詳細に知ることは本書の目的に必須ではないにしても、その起源についての知識は、今日我々が知る連邦最高裁判所それ自体がその歴史をどの程度作り出したのかを正しく理解するのに役立つだろう。発足当初から、連邦最高裁判所は自らの権力を規定することで、合衆国憲法三条の空白部分を埋めてきた。その過程で、「武力か財力のいずれかの威力」を欠き、「力も意志も」なく、「ただ判断するだけ」なので、裁判所は「危険がもっとも少ない機関」だということが判明するだろうという、アレキサンダー・ハミルトンが『ザ・フェデラリスト』第七八編（合衆国憲法の批准に向けて人々の支持を呼び集めるために執筆された八五編の『ザ・フェデラリスト・ペーパーズ』の論説の一つ）で述べた予測を、連邦最高裁判所は覆してきたのである。この自己規定のプロセスは、今日でも継続している。

建国間もない合衆国が一七八一年に批准した連合規約は、全国的な司法制度も行政機関も規定していなかった（当時、捕獲船舶に関する争いに裁判権が限定された拿捕事件控訴裁判所という唯一の全国的な裁判所が存在した。連合会議は邦と邦との境界争いを裁定する特別裁判所を設置する権限を有していたが、その裁判所は一度しか開廷されなかった）。各邦は、今日の各州のように、独自の裁判所制度をもっていた。新国家の国民は、一般的な裁判権をもつ連邦裁判所制度が、緩やかに連合した各邦の主権を脅かすのではないかと懸念していた。しかし、連合規約の改正のために一七八七年にフィラデルフィアに参集した代議員たちにとって、全国的な司法制度の欠如は集権的ではない政府の極めて明白な欠陥の一つであった。

憲法制定会議では、立法機関、行政機関、司法機関の三部門からなる中央政府を提案するヴァージニアの知事ランドロフの案が直ちに承認された。「全国的な裁判所を設置する」というランドロフの議案は、全員一致で可決された。代議員たちは、合衆国憲法一条の連邦議会と第二条の大統領の権限について議論し、それを明確にすることに焦点を当て労力の多くを費やした。第三条の中心部分は妥協の産物であり、五百語に満たない同条は、重要な点についての規定を欠いていた。例えば、下級裁判所の役割については合意に達しなかったので、代議員たちは下級裁判所の構成を連邦議会の決定に委ねることにした。連邦最高裁判所の判事の人数も明記されなかった。第三条自体には連邦最高裁判所長官の職務について何らの規定もなく、長官には、上院で行われる大統領弾劾裁判で裁判長を務めるという特別の任務が第一条で与えられているにすぎない。憲法制定会議では、連邦最高裁判所判事の選出方法について長々と議論され、大統領による指名と上院による承認に決着した。連邦裁判所の裁判官は「非行なき限り、その職を保持することができる」と規定することにより、代議員たちは司法権の独立を保障しようとした。

しかし、この独立は具体的には何のためのものなのか？　代議員たちは、いくつかの邦の最高裁判所が司法審査権を行使して、邦憲法の規定に違反するとその裁判官たちが考えた立法行為を無効にしていたことを知っていた。マサチューセッツ最高司法裁判所はその一七八〇年憲法を解釈し、この権限を行使して領内の奴隷制を憲法違反と判決した。ヴァージニア、ノースカロライナ、ニュージャージー、ニューヨーク、そしてロードアイランドの裁判所も司法審査権を行使し、合衆国憲法が制定される前から議論を引き起こしていた。

憲法制定会議の代議員たちは、連邦裁判所が連邦法と州法に対して何らかの司法審査権を行使することを想定していたようだが、合衆国憲法三条はこの点について何も明らかにしていない。同条は、連邦裁判所の司法権が「この憲法、合衆国の法律および合衆国の権限に基づいて締結され、または将来締結される条約のもとで発生するコモン・ロー上およびエクイティ上のすべての事件」に及ぶと大まかに規定する。続けて、連邦裁判所が裁判権を行使することができる次のような特定の紛争の種別を列記する。それは、州と州の間の事件、州と他州の市民の間の事件、別々の州の市民の間の事件、「合衆国が当事者の一方である争訟」、海事法および海事紛争に関する事件、大使その他の外交使節に関わる事件、ある州またはその市民と外国政府またはそこに住む人の間の事件である。

特に連邦最高裁判所に関して、第三条は第一審裁判権と上訴裁判権とを区別し、同裁判所を州あるいは外交使節に関する事件の第一審裁判所とする一方で、その他のすべての事件では下級裁判所からの上訴を受理する裁判所としている。発足当初は下級裁判所が存在していなかったので、この区別は、同条を読む人にとってはまったく分からなかったに違いない。しかし、この区別はすぐにとても重要であることが明らかになった。

合衆国憲法が批准されると、連邦議会は直ちに第三条の示す下級裁判所を設置する任務に取りかかった。一七八九年裁判所法は第一次裁判所法と呼ばれることが多いが、二つの階層の下級裁判所を設置した。それは、州の境界に基づき専属の裁判官をもつ一三の地方裁判所と、東部・中部・南部の巡回区に分かれる三つの巡回裁判所である。だが同法は巡回裁判所に専属の裁判官を配属せず、代わりに年二回の開廷に際して二名の連邦最高裁判所判事と一名の地方裁判所裁判官を配置した。この制度のため判事たちは「巡回して裁判する」必要があったが、それは州境を越える移動手段が未発達な状況では負担の大きい任務で、初期の判事たちはとても嫌がっていた。ウィリアム・クッシング判事夫人のハンナ・クッシングは、自分たち夫婦を「旅する機械」と呼んでいた。しかし、判事たちがたびたび不満を漏らしていたにもかかわらず、この制度は、幾分修正されながらも、連邦議会が一八九一年のエヴァーツ法で、充分な数の専属裁判官を配置した巡回裁判所（今日では連邦控訴裁判所として知られ、現在一三ある）を設立するまで、百年以上継続した。

最初の連邦最高裁判所は、五名の陪席判事と長官ジョン・ジェイで構成されていた。ジェイは、名門の家に生まれたニューヨークの傑出した法律家であって、『ザ・フェデラリスト』の共同執筆者だった。連邦最高裁判所は、発足直後からその権限を自ら規定することに取り組んだ。陪席判事のうち、サウスカロライナ州のジョン・ラトリッジ、ペンシルベニア州のジェイムズ・ウィルソン、ヴァージニア州のジョン・ブレア・ジュニアの三名は、憲法制定会議の代議員だった。彼らはみな、権力分立という憲法構造の中での連邦最高裁判所の立ち位置をよく理解していた（のちにジョージ・ワシントン大統領は、憲法制定会議の代議員を務めていたニュージャージー州のウィリアム・パターソンとコネチカット州のオリバー・エルスワースの二名を判事として指名した）。一七九三年に連邦最高裁判所は初期の転機を迎える。ワシントン大統領を代理してトーマス・ジェファーソン国務長官は連邦最高裁判所に書簡を送り、一七七八年の米仏条約の下で生じた解釈問題の解決に助力するよう求めた。その書簡には、二九の具体的な問題点が提示されていた。当時、州裁判所の裁判官は大統領が求めたような「勧告的意見」を回答するのが通例だった（一部の州では今日でも行っている）。しかし、ジェイ長官と陪席判事たちは、この要請は連邦裁判所の裁判権の対象外であると考えた。大統領に対する書簡の中で、「政府の三つの機関を憲法が分立したことは、相互に抑制するという点で、そして我々が最終判断を下す裁判所の裁判官であるという点で、解決を求められている問題を司法権の枠の外から判断するこ

図表１：旧商業取引所。ときに王立取引所と呼ばれたこの建物は、連邦最高裁判所の最初の所在地であった。連邦最高裁判所は 1790 年２月２日に、マンハッタン島南側にあるこの建物ではじめて開廷した。

との妥当性を否定する強力な理由なのである」と連邦最高裁判所は返答した。

勧告的意見の回答を発足直後から拒否したことで、相対立する当事者の間の紛争から発生する法的問題だけを裁定する憲法上の権限を連邦裁判所は保有するという長年の原則が確立された。この原則は言うは易しいが当てはめるのが難しく、連邦最高裁判所はその後の二百年をその精緻化に費やしてきた。今日でも、連邦裁判所の「第三条裁判権」とよく呼ばれるものの外縁については論争が絶えない。ここで重要なのは、連邦裁判所の裁判権に関する問題はアメリカ憲法の起源に深く根差すものであるということ、そして連邦最高裁判所はその答えを提示してきたということである。

連邦最高裁判所は、一七九〇年二月二

日に、合衆国の最初の首都であったニューヨーク市ではじめて開廷した。その庁舎は、マンハッタン島南側の商業取引所（王立取引所と呼ばれることもある）の建物であり、そこは一九三五年にワシントンD.C.のキャピトル・ヒルに専用の建物を判事たちが手にするまで、連邦最高裁判所の所在地となったいくつかの場所の最初の地であった。

ニューヨークで一年を過ごした後、連邦最高裁判所はフィラデルフィアに移り、まずは州議会議事堂（独立記念館）を、次に新設の市庁舎を拠点としたが、そこで判事たちは市長の執務室を共同で使用していた。フィラデルフィアに九年所在した後、連邦最高裁判所は一八〇〇年に、他の連邦機関とともに新しい首都であるワシントンD.C.に移転した。連邦最高裁判所は一三五年の間、連邦議会議事堂で執務を行った。一八〇〇年には大統領も連邦議会も専用の拠点に移ることができたが、連邦最高裁判所は二〇世紀半ば近くまで専用の土地を持つことがなかったということは、連邦最高裁判所やその率いる司法機関が他の二つの機関とは対等ではない形態で執務を始めたことを示すのである。対等性を確立することは連邦最高裁判所自体にかかっていたのであり、憲法を統制する権限を得ることでそれを達成したのである。

発足当初、連邦最高裁判所が極めて重要な機関になることはないと思われていた。連邦最高裁判所は一七九〇年二月と八月の最初の二回の開廷期を、ほとんど何もすることがなく過ごした。発足から一年後に連邦最高裁判所はようやく最初の事件を受理したが、口頭弁論を行う前に決着してしまった。その半年後の一七九一年八月、連邦最高裁判所は二件目の事件である商事紛争の上訴を受理した。判事たちは口頭弁論を聴取したが、上訴手続に違反があるため判決を下すことができないと宣言した。

連邦最高裁判所が判決理由を述べるようになったのは、一七九二年になってからである。

発足当初、判事たちは主要な連邦犯罪の第一次裁判所で係属件数が増加していた巡回裁判所の裁判官として、その職務を果たすのに多忙だった。判事たちは、巡回裁判所において連邦法と連邦の権限の重要な原則を具体化していった。そのような事例の一つが、一七九二年のヘイバーン事件（Hayburn's Case）である。新法である傷病兵年金法は、巡回裁判所が年金給付機関として独立戦争で負傷した退役軍人の年金申請を判定すると定めていた。同裁判所の裁判官である判事たちは、この新たに付与された権限の行使を拒否した。退役軍人に年金受給資格があるとする巡回裁判所の判断は、すべて陸軍長官の審査対象だったことが問題だった。このような行政庁の審査が付け加わることで、司法判断が司法的性格のない行為に転換すると判事たちは考えていた。三つの巡回裁判所に配置された判事たちはそれぞれワシントン大統領に書簡を送り、その任務を遂行できない理由を説明した。「このように裁判所の任務を改定して統制することは、裁判所に付与された司法権の独立と明確に矛盾する」と、中部巡回裁判所所属のジェイムズ・ウィルソン判事とジョン・ブレア判事は書簡の中で説明した。司法長官は連邦最高裁判所に上訴し、口頭弁論が行われたが、連邦議会が問題の法律を改正したため、判決は下されなかった。ヘイバーン事件は、連邦議会の法律を連邦最高裁判所が憲法違反と判決した最初の事例なのだろうか？　正式にはそうではない。しかし、この事件は広く注目され、連邦最高裁判所の判事たちが、憲法が規定したと考えられた各機関の権限の境界を積極的に守る人たちであるということに、人々は疑いをもたなくなったのである。

翌年、連邦最高裁判所は、一般に初期の重要判決とみなされている事件を判決した。それは一七九三年のチザム対ジョージア州判決（Chisholm v. Georgia）であって、直後に、権利章典となる十ヶ条の憲法修正条項に次いで採択された最初の修正条項という形の反発を招くものだった。これは、独立戦争の際にジョージア州が負った債務について、債権者であるサウスカロライナ州の商人が訴えた事件だった。原告は、州と他州の市民の間の事件に対して連邦最高裁判所に裁判権を認める第三条の規定に基づき、同裁判所に直接提訴した。連邦最高裁判所は、主権をもつ政府である州は同意がなければ訴訟から免除されるというジョージア州の主張を退けた。同州は出廷を拒否したので、連邦最高裁判所はジョージア州敗訴の欠席判決を下した。

判決は五対一であり、多数側の五名の判事は、当時の慣行の通りに、各々で個別意見を執筆した。それらの意見は、連邦主義的な論調の強いものであった。ウィルソン判事は、「それゆえ、連邦の目的からいえば、ジョージア州は主権をもつ政府ではない」と述べた。当然ながら各州はこの法の進展に警戒し、二日後にこの判決を覆す憲法修正案が提起された。一七九八年に最終的に採択された修正一一条は、連邦裁判所の裁判権がある州の市民が他州に対して提起した事件に「及ぶとは解釈されてはならない」と規定する。断定的と思われる文言にもかかわらず、州の訴訟免責の範囲は確定されたとは言い難く、今日でも論争が絶えない。

ジェイ長官は、その在任中にニューヨーク州知事に立候補して落選したことがあったが、一七九五年に当選し、長官を辞任した。ニューヨークのある新聞は、ジェイの知事当選を「昇格」と肯定的に表現した。ワシントン大統領は長官の後任にサウスカロライナ州のジョン・ラトリッジを指名した。ラトリッジは以前、陪席判事として上院の承認を受けたにもかかわらず、一度も法壇に着席することなく辞任し、サウスカロライナ州最高裁判所の首席裁判官に就任していた。今回、ラトリッジは長官職を承諾し、連邦議会休会時の任命を受け入れたが、上院は彼の長官就任を否決した。ただラトリッジは一七九五年八月一二日から一二月一五日まで長官として在任したため、連邦最高裁判所第二代長官と数えられている。

ワシントン大統領は次に陪席のウィリアム・クッシング判事を長官に指名し、上院は直ちに承認した。しかし、クッシングは健康上の理由から就任を断った。ワシントンが次に指名したのはコネチカット州のオリバー・エルスワースであり、今度は上手くいった。一七九六年三月にエルスワースは第三代長官に就任し、一八〇〇年一二月一五日に健康悪化を理由に辞任するまで在任した。ジョン・アダムズ大統領はその後ジョン・ジェイに長官への復帰を打診した。だが、その時すでにニューヨーク州知事を二期務めていたジェイは、連邦司法制度は基本的に「欠陥があり」、「国民の正義を実現する最終の機関として持つべき国民の信頼と敬意を獲得すること」は決してないと「深く確信している」と述べて、辞退した。

このことは、ジョン・アダムズが国務長官のジョン・マーシャルを連邦最高裁判所の第四代長官に指名する際の、不運な事情であった。ヴァージニア州出身のマーシャルには独立戦争で戦闘に参加した経歴があり、長官就任時の年齢はいまだ最も若い四五歳だった（次の最年少は、二〇〇五年に五〇歳で長官に就任したジョン・G・ロバーツ・ジュニアである）。マーシャルは、ヴァージニアで合衆国憲法の批准を先導した人物として、またフランスに対する重要な外交上の任務を引き受けた者として、全国に名が知られていた。彼は一五人兄弟の長男であり、それは彼のリーダーとしての天性をよく示すことなのかもしれない。マーシャルが初代長官と誤って紹介されることはよくある。この間違いは理解できるものだ。彼は、一八〇一年二月に就任してから死去する一八三五年七月六日まで、三四年以上も在任した。マーシャルは、連邦最高裁判所を他の二つの機関の付属ではなく、変容を遂げた機関にしたのである。マーシャルは一八〇一年三月四日にトーマス・ジェファーソンの大統領宣誓を執り行った。そのジェファーソンは残念に思ったかもしれないが、マーシャル長官の時代の連邦最高裁判所は連邦主義的な見解を強力に推し進め、合衆国憲法を活用する意欲を示し、そしてその最終の解釈者としてこの見解を実現するために憲法の権威を利用したのである。

マーシャル長官の時代で最も有名な判決であり、連邦最高裁判所の歴史で最も著名なものであるマーバリー対マディソン判決（Marbury v. Madison）は、マーシャルの在任期間の初期の一八〇三年二月二四日に下された。この事件は、一八〇〇年の選挙の後で、アダムズ大統領の連邦派政権からジェファーソン大統領の民主共和党政権へ権力が移行される際の、緊迫かつ混乱した状況の中で生じた。連邦派の裁判官が多い裁判所は、選挙で勝利した民主共和党の格好の標的であり、連邦議会で権力を手放す連邦派が退任間近のアダムズ大統領に指名の機会を与えるために、四二名分の連邦裁判官の職を創設したときが特にそうだった。

メリーランド州の徴税官であったウィリアム・マーバリーは、コロンビア特別区の治安判事として、この「どさくさ」の中で指名を受けた一人だった。上院は他の多くの者とともに、この指名を承認した。しかし、新規に承認された裁判官たちはその任務を開始するために辞令という一枚の書面を受け取っている必要があり、マーバリーはアダムズが大統領を退任する時にはまだ受け取っていなかった。

図表 2：ジョン・マーシャル連邦最高裁判所長官。この第 4 代長官の肖像画はレンブラント・ピールが描いたもので、連邦最高裁判所のいくつかの場所で飾られている。

ジェファーソン政権のジェームズ・マディソン国務長官は、その辞令の交付を拒否した。連邦派の政治団体で積極的に活動していたマーバリーは、連邦最高裁判所に直接訴訟を提起した。彼は職務執行令状という、自分に対する辞令の交付を要請する裁判所の命令を請求した。連邦議会は一七八九年裁判所法で、国民は連邦政府の役人に対する職務執行令状の請求を連邦最高裁判所に直接請求することができると明確に規定していたので、この請求は容易に認められる救済と思われた。

この事件は当時、法的問題としてはとても単純なものと考えられた。しかし、高度に政治的な問題であり、連邦最高裁判所の権威を危機にさらすものでもあった。マディソンは、マーバリーに辞令を交付する直接の命令に従わないだろうと予想されていた。自らを永久に弱体化させることになるかもしれない行政機関との対立を招くことなく、連邦最高裁判所はどうすれば法の支配を維持することができただろうか？

マーシャルの解決策は、連邦最高裁判所の権限を直接行使することなく強力に主張することだった。マーシャルが執筆した、全員一致の連邦最高裁判所の法廷意見は、各々の判事が個別に意見を述べる従来の方式ではなく、マーシャルの新しい方式である一つの意見として示され、マーバリーには当然に辞令が交付されるべきだが、連邦最高裁判所はその交付を命令することができないと判決した。第三条が連邦最高裁判所に付与した第一審裁判権には、職務執行令状の発令が含まれていないことがその理由だった。マーバリーの件のような職務執行令状に関する第一審裁判権を連邦最高裁判所に付与した一七八九年裁判所法一三条は憲法違反と判決され、職務執行令状を発布することはできなくなった。この判決により、政治的混乱から距離をとる手立てを連邦最高裁判所は手に入れ、また同裁判所からの指示がなかったので、ジェファーソン政権は不満を漏らすこともなかった。もちろん、この判決の意義は、連邦議会が制定した法律の合憲性を審査する権限を連邦最高裁判所が主張したことにある。「何が法であるかを述べることは、断固として司法府の権限であり任務なのである」とマーシャルは宣言した。この一節は、その歴史を通じて、連邦最高裁判所が今日に至るまで説き続けてきたものである。控え目に権限の行使を放棄しているように見せて、連邦最高裁判所は強大な権力それ自体を身につけてきたのである。

この司法審査権の全貌は、すぐには明らかにならなかった。実際そのわずか六日後、マーシャル長官は関与しなかったが、連邦最高裁判所は憲法上の対立の可能性のあった問題を回避した。（マーシャルを除く）全員一致の判断だった一八〇三年のスチュアート対レアード判決（Stuart v. Laird）で、判事たちは一八〇一年裁判所法を廃止した連邦議会を支持したが、それはちょうど主張したばかりの権力の限界を試すのに消極的だった連邦最高裁判所を反映したものだと考える歴史家もいる。連邦最高裁判所が再び連邦議会の法律を憲法違反と宣言するまで、半世紀以上かかった。それが一八五七年のドレッド・スコット判決（Scott v. Sandford）であり、ミズーリ協定［一八二〇年のミズーリ州の合衆国加盟に際して、自由州と奴隷州の均衡を図るために定められた妥協的な協定］を無効にして、領内で奴隷制を廃止する権限は連邦議会にはないと判決した。南北戦争へ向かう一歩となったこの悪名高き判決は、司法審査にとって最高の宣伝ではおそらくなかっただろう。しかし、この判決以降、連邦最高裁判所は初期の慎重さを失い、連邦議会の法律を二百件近くも憲法違反と判決しているのである。

現代の連邦最高裁判所がどのようにその強力な権力を行使しているのか――事件はどのように連邦最高裁判所に到達し、判事たちは事件をどのように選別して判決するのか――は、これ以降の本書のテーマである。

第二章　連邦最高裁判所の実務 1

裁判に負けて落胆した当事者が「連邦最高裁まで裁判を続ける！」と決意しても、虚勢に終わることが多い。連邦最高裁判所への上訴には、多くの障壁がある。そのいくつかは合衆国憲法自体に由来し、第三条は連邦裁判所の裁判権を「事件」と「争訟」を判決することに限定している。もっとも、後述するように、これらの言葉の意味は自明とは言い難い。他の障壁は、連邦制度の中での連邦最高裁判所の立ち位置に内在する。連邦最高裁判所は一般に、州最高裁判所の下した自州の憲法解釈を審理することができない。例えば、二〇〇三年に州法の下で同性カップルに結婚の権利を認めたマサチューセッツ州最高司法裁判所の判決（グッドリッジ対州公衆衛生省判決）（Goodridge v. Department of Public Health）——連邦最高裁判所がオーバーゲフェル対ホッジス判決（Obergefell v. Hodges）で同じ権利を合衆国憲法の下で認める一二年も前の判決——を連邦最高裁判所が審理することができなかったのは、それが州の裁判所がマサチューセッツ州憲法の解釈に基づいて下した判決だからだ（だが、合衆国憲法を解釈した州最高裁判所の判決は連邦最高裁判所の裁判権行使の対象となる）。連邦法も、連邦最高裁判所の審理を受ける際の障壁となる。例えば、連邦議会は連邦最高裁判所への上訴に厳格な期限を設けている。

上訴に必要なすべての規則を遵守して、そして連邦最高裁判所の裁判権の対象になるのが明らかな事件の当事者は、さらにおそらく最も厳しい障壁に直面するだろう。それは、判事たちの上訴を拒む自由である。適切なすべての上訴に対してその任務を果たさなければならない大半の上訴裁判所とは異なり、連邦最高裁判所はその係属事件をほぼ完全にコントロールすることができる。毎年、判事たちは上訴された事件のおよそ一パーセントだけに判決を下すことに合意している。連邦最高裁判所は、一三の連邦控訴裁判所からの、五〇州の最高裁判所からの、そして時に軍事裁判制度の最上位の裁判所である連邦軍法上訴裁判所を含む他の裁判所からの上訴を受理する。ごく限られた分野の事件、なかでも投票権や選挙区割りに関する事件では、特別に連邦地方裁判所からの直接の上訴申立てを受理する。二〇二一年から二〇二二年の開廷期に、連邦最高裁判所には四千九百件の新規の上訴申立てが送達された。審理予定だがまだ口頭弁論を実施していない三一件を含めて、前開廷期から八九七件の上訴申立てが持ち越され、新規の七四件を審理対象にして、連邦最高裁判所は合計で五八件の判決を下した。

連邦最高裁判所が判決を下す事件の種類と、判事たちの判決という任務への取り組みを示す、近年のいくつかの事例がある。連邦最高裁判所が判決を下す典型的な事件というものはないが、ある開廷期で扱われる事件の範囲には典型があり、審理の対象となる事件を大まかに二つのカテゴリーに等しく分けることができる。その一つは憲法解釈に関する事件で、通常は連邦あるいは州の法律や政策が合衆国憲法の条項に違反するという主張を伴う。第二は、連邦法の意味や適用について判事たちの判断を求める事件である。この中には、連邦の行政機関の任務に関するものも含まれる（第三のカテゴリーとして州と州の間の訴訟があり、年に一件か二件、この種の紛争を審理する連邦最高裁判所の「第一審裁判権」の範疇に該当する事件がある。そういった事件は、州の境界線や州の間の水利権をめぐる長年の対立の新しい幕開けとなることが多い。連邦最高裁判所は弁護士や退任した裁判官を「特別補助裁判官」に任命して、証拠調べや勧告を行わせる。この手続は数年に及ぶことがある）。

憲法に関する訴訟

憲法裁判のいくつかは、権力分立に関する構造上の問題を提起する。政府の各機関は、その付与された権限を行使しているのか？　連邦議会や大統領は実施しようとすることを実行する権限をもっているのか？　最近の実例を見てみよう。連邦議会は、州際通商を規制する憲法上の権限に基づき、個人に医療保険の加入を義務づける（いわゆる「オバマケア」の求める強制加入）権限を保持していただろうか？　連邦最高裁判所は二〇一二年の独立企業全国連合対セベリウス判決（**National Federation of Independent Business v. Sebelius**）で、保持していないと判決した。しかし連邦最高裁判所は同じ判決の中で、連邦議会は課税権限に基づいて、保険に加入しなかった納税者に罰金を科すことができると判示し、そのため患者保護並びに医療費負担適正化法に対する違憲主張は失敗に終わった。イスラム教徒が圧倒的に多い国の住民のアメリカ入国を制限する一方的な権限が大統領にはあるだろうか？　連邦最高裁判所は、二〇一八年のトランプ対ハワイ州判決（**Trump v. Hawaii**）でその権限を肯定した。

憲法訴訟では個人の権利が主張されることが多い。修正一条に基づいて言論の自由や宗教活動の自由が、修正四条に基づいて不当に捜索押収されない自由が、修正一四条に基づき法律や政府の方針が平等保護の否定に相当するとの主張が提起されるのである。同性婚の権利を憲法は保障しているのだろうか? 連邦最高裁判所は、二〇一五年のオーバーゲフェル対ホッジス判決（Obergefell v. Hodges）でその権利を認めた。あいまいに規定された修正二条は個人が銃を保有する権利を保障するだろうか? 二〇〇八年のコロンビア特別区対ヘラー判決（District of Columbia v. Heller）はその権利を承認したが、自衛のために自宅で拳銃を保有する権利に限定していた。しかし連邦最高裁判所は、二〇二二年にヘラー判決を拡大解釈して、若干の制約はあるものの、武器を携帯して外出する権利を認めた（ニューヨーク州ライフル&ピストル協会対ブルーエン判決（New York State Rifle and Pistol Association v. Bruen)）。憲法は妊娠中絶の権利を保障するだろうか? 連邦最高裁判所は一九七三年のロー対ウェイド判決（Roe v. Wade）でこの権利を肯定したが、新たな多数派が四九年後のドブス対ジャクソン女性健康機構判決（Dobbs v. Jackson Women's Health Organization）でロー判決を覆した。

連邦最高裁判所の憲法裁判については、注目すべき点がいくつかある。第一に、近年、判事の全員一致で判決された主要な憲法裁判はほとんどない。前述の判決のすべては、五対四あるいは六対三で下されたものである。つまり、憲法の内容がどのようなものでも判事たちはその要請することについて異なる理解を示すのであって、このことは憲法解釈の技法が全然型にはまったものではないことを表している。第二に、判事たちは対立する利益を比較検討することで多くの憲法裁判を判決してきたが、その利益の検討は、判事のイデオロギー的傾向や裁判所の役割に関する見解から、それぞれで異なる。

第三に、初期の判事とは異なり、現代の連邦最高裁判所の判事たちが正面から憲法と向き合うことはまずない。連邦最高裁判所が審理することになる憲法問題は、むしろ二世紀以上もの間に積み重ねられた先例の中で見出すことのできるものなのである。もちろん、先例を変更する判決が下されることもある。一九五四年のブラウン対教育委員会判決（Brown v. Board of Education）は、修正一四条の平等保護条項を解釈し、五八年前の先例である一八九六年のプレッシー対ファーガソン判決（Plessy v. Ferguson）が「分離した」施設が「同等」ならば許容できると判決した公的な人種隔離を禁止した。ブラウン判決も先例のない状況で下されたわけではない。その四年前、ブラウン判決と同じくサーグッド・マーシャルが弁論したスウェット対ペインター判決（Sweatt v. Painter）で、判事たちは人種隔離を採用するテキサス大学に対して、黒人のロー・スクール志願者であるヒーマン・マリオン・スウェットを入学させるよう、全員一致で命じたのである。

判決の大半において、判事たちは砂金採りのように参照可能な先例をより分け、係属中の事件の答えを示すものを見つけようとする。連邦最高裁判所の判決は、ゼロからつくられている訳ではない。そのほとんどには以前の判例からの引用が多く、多数意見を執筆した判事はその引用からの類推を通じて意見を述べるのである。連邦最高裁判所が長年判決してきた法原則の領域では、様々な結論をそれなりに基礎づける先例が通常はいくつか存在している。この点は、妊娠中絶に関する連邦最高裁判所のドブス判決がとても奇異に思える理由である。連邦最高裁判所は、二〇二二年六月にロー対ウェイド判決は「最初から著しく間違っていた」と判決するまでの半世紀近くの間、何度も妊娠中絶の権利を繰り返して認めてきた。

連邦最高裁判所が二〇〇八年に下した修正二条に関するコロンビア特別区対ヘラー判決は、参照可能な先例が存在しないという点で特異なものである。驚くべきことに、連邦最高裁判所はそれまで同条の「武器を保有し携帯する国民の権利」という規定について、有権解釈を示したことはなく、拳銃の個人所持を禁止するコロンビア特別区の規定の合憲性に適用されうる有効な法は存在していなかったのである。確かに同条は次のような意味のはっきりしない一文の規定である。「規律ある民兵団は、自由な国家の安全にとって必要であるから、国民が武器を保有し携帯する権利は、侵してはならない」。読点がやや多いことはともかく、この条文は明快とは言い難く、「規律ある民兵団」の状況から切り離された個人の銃を持つ権利に関して意味するところははっきりしない。ヘラー判決で、多数派の五名の判事を代表するアントニン・スカリア判事と、反対派の四名の判事を代表するジョン・ポール・スティーブンス判事は、それぞれ修正二条の条文と歴史を検討し、正反対の結論に達した。同条が保護しようとする権利をもつ「国民」とは誰だろうか？　スカリア判事によれば、修正一条の「国民が平穏に集会する権利」のように、権利章典が保障する他の人権を享有する「国民」と同じ人たちである。この条項は自衛に関する「既存の」個人の権利を条文化したものだと、スカリア判事は論じた。だがスティーブンス判事は、修正二条のいう「国民」とは州の民兵として従軍義務がある者たちのことであり、この権利は集団的なものであって、兵役との関連でのみ行使されうるとみなした。両判事はまた、同条の「武器を携帯」という文言が何を意味するのかについても見解が分かれた。スティーブンス判事は、これを兵役という状況に限定された専門的な表現と理解した。そのような限定を付けないスカリア判事は、この文言をより広く自衛を指すと解釈した。

四名の反対派のひとり、スティーブン・G・ブライヤー判事は、スティーブンス判事の反対意見に与しながらも、自ら「必要性の重視」と呼ぶ、別の考え方を提示した。彼が検討しようとした論点は、コロンビア特別区の法律が果たそうとした目的は何か、そしてその目的は修正二条の起草者たちが保障しようとした利益とどのように関係するのかというものだった。特別区は人口密度の高い都会の環境で公共の安全を守ろうとしたと、ブライヤー判事は認定した。彼は、植民地時代のアメリカの主要都市では、火災の原因となっていた個人宅での火薬の貯蔵を制限することで、同様の目的を達成しようとしていたと指摘した。ボストン市は、マサチューセッツ憲法が「共同防衛のために人々は銃を所持し携帯する権利をもつ」と規定していたにもかかわらず、「市内のあらゆる居住用家屋」あるいは「その他の建物」への装てんされた火器の持ち込みを全面的に禁止していた。ブライヤー判事の結論は、修正二条が個人の権利を保障すると理解されていたにしても、起草者たちは例外を想定していたのであり、特別区の銃規制法は建国期の元々の理解と両立するというものだった。

修正二条の例が示すように、判事たちは憲法解釈に当たって、様々な方法を用いている。条文とその歴史は一般に許容されている議論の出発点だが、この事例からも分かるように、いずれも決定打となる答えをもたらすわけではない。一九九七年刊行の著作『法解釈の問題：連邦裁判所と法　A Matter of Interpretation: Federal Courts and the Law』〔邦訳：『法解釈の問題』高畑英一郎訳（勁草書房、二〇二三年）〕の中で、スカリア判事（二〇一六年死去）は、自らを条文主義者であり、さらに憲法の条項を解釈する適切な根拠は憲法起草者たちの元々の理解（「元々の公衆の理解」と言い表されることもある）だけだと考える「原意主義者」だと述べていた。「もし裁判所が新たに憲法を自由に書き換えることができるのなら、きっと社会の多数派の望む方向で書き換えるだろう。時代とともに行うべきすべてを憲法にさせるよう試みることで、憲法を無意味なものにしていくのだろう」と彼は警告した。

二〇二二年に退任したブライヤー判事は、対照的に、「今日の国民にとってうまく機能する憲法」を支持して、包括的な理論を退ける「プラグマティックな」手法を提唱した。ブライヤー判事は、憲法解釈に関する著作『われらの民主主義を機能させる：ある裁判官の見解 **Making Our Democracy Work: A Judge's View**』（二〇一〇年）［邦訳：『アメリカ最高裁判所——民主主義を活かす』大久保史郎監訳（岩波書店、二〇一六年）］の中で、「連邦最高裁判所は、憲法の適用範囲や実際の適用を制定の時点で固定されたと考える解釈手法を拒否すべきだ。連邦最高裁判所はむしろ、憲法には揺るぎない価値が含まれており、刻々と変化する状況に応じて柔軟に適用されなければならないと考えるべきである」と述べている。

法律に関する訴訟

一見すると、判事たちに法律の解釈を求める事件の方が単純に見えるかもしれないが、それに関する連邦最高裁判所の係属事件は、（憲法訴訟と）同様の難しい問題を数多く提起し、法解釈の基本原則に関わる同じような論争を引き起こしてきた。

法律の内容が完全に明確であるなら、連邦最高裁判所の審査対象となる可能性はないだろう。しかし、条文それ自体で想定されうるすべての問題を解決する法律は、まず存在しない。連邦議会は、法律が及ぶ可能性のあるあらゆる状況を想定していなかったのかもしれない。あるいは、審議中の法案が適用される事態のすべての可能性に対処することが、立法上の細部へのこだわりより重視されたり、あまりに多く妥協を求めることになるのはよくあることだ。連邦議会は、裁判所がその空白部分を埋めることにとても満足している。つまるところ憲法訴訟とは異なり、連邦議会は、裁判所が誤った回答を提示したと判断した際には、法律の意味に関する判決を新法の制定で覆すことができるのである。

その顕著な例が障がいのあるアメリカ人法である。一九九〇年の制定以降、障がいを理由とする差別を禁止する、この市民の権利に関する重要な法律については、数十もの判決が下されており、その中にはいくつかの連邦最高裁判所の重要な判決もある。この法律が定める禁止事項は、ほとんどの場合明確であるが、そもそも障がいとは何だろうか？　連邦議会は、次のような不十分な定義しか規定しなかった。「(A) 生活上の主要な活動の一つ以上に具体的な制約をもたらす身体的精神的な障がい、(B) 当該障がいの記録、または (C) 当該障がいがあると認識されていること」。そして、この法律の運用を担当する連邦の雇用機会均等委員会は、「生活上の主要な活動」を身の回りのことを行う、手作業を行う、見る、聞く、話す、呼吸する、学ぶ、働くなどの作用と定義する規則を公布した。

すぐに疑問が浮かび上がった。この定義のいずれかに該当する疾患だが、服薬や医療機器の使用により障がいの程度が軽減される場合はどうなるのか？　その人は、この法律の意味するところの障がいがあるといえるのか？　薬や機器の改善効果のある状態か、そうした補助のない状態のいずれに着目すべきなのか？　この法律も規則も、これらの点については何も規定していない。視力が悪いが完全に矯正可能な二人の女性が、航空会社のパイロットの職に不合格になった後で、この法律に基づいて訴訟を起こした。彼女たちは、視力が採用拒否の理由なのだから、自分たちは障がい者とみなされるべきであり、雇用差別から保護されるべきだと主張した。連邦最高裁判所は一九九九年のサットン対ユナイテッド航空判決（Sutton v. United Airlines）でこの主張を退け、原告たちはメガネをかければ生活上の主要な活動に支障はないと判決した。連邦議会はこの法律の適用範囲を「矯正器具によっては障がいの程度が軽減されない者に限定」しようとしたという結論に連邦最高裁判所は達した。高血圧を薬でコントロールしていた商用トラックの運転手の男性が、雇用主に自分の高血圧の診断結果を知られたために解雇された。彼は、この法律に保護されていると論じて提訴した。一九九九年のマーフィー対ＵＰＳ判決（Murphy v. United Parcel Service）で連邦最高裁判所は同様に原告の請求を棄却し、服薬すればトラック運転手の生活上の主要な活動に支障はないと判決した。数多くの個人からの請求に直面して、連邦最高裁判所はついにより一般的な説明を行った。二〇〇二年のトヨタ自動車対ウィリアムズ判決（Toyota Motor Manufacturing v. Williams）では、手根管症候群［手首の神経が圧迫されることで、指や手のひらにしびれや痛みが生じる病気］のため製造ラインで必要な手作業を行うことができず、仕事を続けることができなくなった女性の訴えを認めなかった。「審理の核心は、ほとんどの人の日常生活で重要な様々な作業を原告が行うことができないかどうかであり、本人の特定の仕事に関連する作業を行うことができないかどうかではない」と連邦最高裁判所は判決した。

ここで示した判例のうち、冒頭の二件が全員一致の判決ではないことは注目に値する。近視のパイロットの事件では、スティーブンス判事とブライヤー判事の二名は、連邦最高裁判所が「特定の身体的精神的制約を克服する方法を見つけて採用されやすくした者には」法律上の「保護が消えてなくなる」という「直観に反する結論」を下したと反対意見の中で述べた。二名の判事は、障がいのあるアメリカ人法には差別にかかる一般的原因を是正する目的があることを理解した上で、連邦最高裁判所はこの法律を狭く理解するのではなく、「救済的な法律はその目的を達成するために広く解釈すべきだとする、法解釈の慣例的規範に」従うべきだと論じた。

差別禁止に関して、もう一つの法律に言及したい。それは妊娠差別禁止法であり、職場での差別から妊婦を守るために連邦議会が一九七八年に制定したものである。二〇一五年のヤング対UPS判決（Young v. United Parcel Service）で連邦最高裁判所が取り組んだのは、この法律が妊娠期間中に約四・五キロ以上の荷物を持ち上げてはならないとする医師の指示に基づく一時的な配慮を求める権利を妊娠したUPSの配達員に認めているのかという問題だった。配達員は通常約三二キロまでの荷物を持ち上げることが求められていた。UPSは勤務中に負傷した配達員に対して一時的に軽作業の任務を与えていたが、それを勤務とは関係なく負傷した者には認めていなかった。妊娠差別禁止法は、「妊娠の影響を受けている女性」は、「妊娠の影響を受けていないが、勤務が可能もしくは不可能という点で似たような立場の人」と「同じように扱われ」なければならないと規定する。この事件の原告は、どのカテゴリーに当てはまるだろうか？　彼女は勤務中に負傷したわけではないのは明らかだが、一時的に障がいを負った他のすべての配達員と同じカテゴリーに当てはまるとするだけなら、原告には請求権がなく、そして妊婦の保護を目的とするこの法律はほとんど意味をもたないことになるだろう。原告のペギー・ヤングは、下級審では敗訴した。連邦最高裁判所は六対三で、当会社の方針が違法な差別に相当するほど妊娠した従業員に不必要な負担を強いるものであることを原告が示すことのできる道筋を示した後に、再審理のために事件を下級審に差し戻した（その後本件は和解となり、UPSはこの間に方針を変更して原告の求めた配慮を将来的に妊娠した従業員に認めることにした）。

障がい者差別の判例は、法解釈における相反するアプローチを示している。その一つは審理中の事件に法律の詳細な文言を当てはめようとする試みであり、もう一つは制定時の連邦議会の意図に照らして一歩下がって法律を解釈するものである。立法目的を確認するためには、議場での議論、委員会の公聴会議事録、委員会報告書、上院および下院の最終報告書など、その法律の立法資料を参照することが必要な場合が多い。反対意見を述べた判事が指摘したように、障がいのあるアメリカ人法では、これらの資料から、障がいの有無は補助がない状態で判定されるべきことが明らかだった。例えば、難聴の人は、補聴機器により改善効果があるかどうかとは無関係に、聴くという生活上の主要な活動に制約があるとみなされることになっていた。

ブライヤー判事は、「企業の共同経営者」のように、裁判所も連邦議会がその立法目的を遂行するのを助けるために手元の資料を活用すべきと論じた。これに対してスカリア判事は、立法資料は信頼性に欠け、議会スタッフによる「操作が可能」であると考え、立法資料を引用することを一切拒否した。そして、その内在の目的を推測する代わりに、裁判所は連邦議会が法律として制定した正確な文言にただ従うべきだと主張した。彼は連邦最高裁判所に在任していた三〇年の間、強烈な存在感を発揮し、立法資料を強く批判したので、この点に関してスカリア判事に賛同しない判事をも含む多くの判事は、自身の意見で立法資料を引用するのを敬遠した。とはいえ判事たちは、少なくともある期間、立法資料を有益な手がかりと考えなったわけではない。

行政機関に対する訴訟

行政国家化へと着実に進展しているので、行政機関が担当の任務を適切に遂行しているのかという問題を連邦最高裁判所が扱うことが多くなっている。近年の注目の判決は、環境政策や連邦の環境法の執行あるいは不執行に関する紛争である。大気汚染防止法と水質汚染防止法は数十年前の一九七〇年代に制定されたものだが、これらの法律をめぐって争いがあるため、事件が次々と連邦最高裁判所に持ち込まれてきた。

係属の事件に関して行政当局に根拠を与える法律が明確でない場合、連邦最高裁判所は通常、法の要請にかかる当局の妥当な解釈を尊重する。しかし、法律の内容があいまいではない場合、連邦最高裁判所は連邦議会の意思を遂行するよう当局に命令するのである。

この点は、ジョージ・W・ブッシュ政権の末期に、二酸化炭素および他の三種の温室効果ガスの自動車排出規制を環境保護庁が拒否した際に問題となった。当局は、気候変動に関係する「排気ガス」の規制を導く正式な規則制定手続の開始を求める環境保護団体連合の請願を拒否した。拒否するにあたり、当局は、いわゆる温室効果ガスは大気汚染防止法のいう「大気汚染物質」ではなく、法律上規制権限がないと述べた。マサチューセッツ州をはじめとするいくつかの州と環境保護団体の上訴を受けて、連邦最高裁判所は、「大気汚染物質」の「包括的定義」にこれらのガスが含まれるのかについて大気汚染防止法は「あいまいではない」と判示して、当局の見解を認めなかった。今後は政策ではなく科学的根拠に基づき理由を提示できる場合に限って、当局は規制を拒むことができると連邦最高裁判所は二〇〇七年のマサチューセッツ州対環境保護庁判決（Massachusetts v. Environmental Protection Agency）で判決した。（その後の大気汚染防止法の事件である二〇二二年のウェストヴァージニア州対環境保護庁判決（West Virginia v. Environmental Protection Agency）では、当局は化石燃料の排出に上限を設ける規制を主張していたが、連邦最高裁判所は、当局自体がクリーン電力計画の下で当該上限の設定を提案している途中なのだから、連邦議会はまだ当局にその設定権限を与えていないと判決した。）

二〇〇七年の環境保護庁の事件は、行政法の枠を超える別の側面でも注目に値するものだった。四人の判事は、反対意見の中で、当局に異議を唱えた当事者が「原告適格」を欠いていたため、連邦最高裁判所には判決を下す権限がないと論じた。異議を唱える者は当局の規制拒否により実際に損害を被ったことを立証していないと反対意見は指摘し、本件は裁判権に関する合衆国憲法三条の要件である「事件」あるいは「争訟」に該当しないと主張した。

この議論は、前述の、連邦最高裁判所と他の連邦裁判所の裁判権にかかる障壁を想起させる。連邦最高裁判所は、「事件」と「争訟」の意味を長年解釈してきた。発足直後から、連邦最高裁判所は勧告的意見の回答を拒否してきた。相対する当事者の間の具体的な紛争がなければならず、それは裁定に適した、そして何かしらの出来事により無意味になっていないものでなければならない。事件争訟性の要件の充足に必要なのは、原告適格があるということであり、それは三つの要素から成り立っている。第一に、訴訟を提起する当事者は、想定ではなく実際のあるいは差し迫った損害を被っており、その損害は個別具体的なもの、つまり個人的な損害であって社会全体とは共有していないものでなければならない（この要件は、ほとんどの「納税者としての原告適格」を否定する。すなわち、国民は納税者という立場で、反対したい、あるいは憲法違反と考える政策に異議を唱えるために訴訟を起こす権利がないのである）。第二に、原告は被告が違法な行為や不作為によって損害を招いたことを立証しなければならない。第三に、その損害は裁判所が実際に救済を与えることのできるものでなければならない。これらの三つの要件は、「実際の損害、因果関係、救済可能性」とまとめられることが多い。

最初の環境保護庁の判決の多数意見は、複数の原告のうち少なくともマサチューセッツ州はこの三つの要件すべてを満たすと認定した。マサチューセッツ州は、自動車の排気ガスが地球温暖化に少なくとも段階的に影響を及ぼす（「因果関係」）過程で、海面上昇による沿岸部の土地の喪失（「実際の損害」）に直面していた。そして、環境保護庁の排出規制は、少なくとも問題をある程度緩和するだろう（「救済可能性」）。反対意見は、マサチューセッツ州はこのいずれも充足せず、その主張する損害は憶測に基づくもので、当局の不作為を原因とするには十分ではなく、規制によって救済される可能性は高くないと論じた。反対意見の見解では、この訴訟は第三条のいう事件争訟性の要件を満たしていないのである。

このような裁判権に関する問題は、現代の連邦最高裁判所で争点となるのが明らかな分野である。この事件が示すように、事件争訟性の各要件の解釈については決着がついていない。その概念は確定していないのである。原告適格を認定しようとする連邦最高裁判所の意向は時として拡大したり縮小したりするのであり、政府の他の機関の活動を判事たちがどれほど綿密に審理したいのかを反映することが多い。裁判権の問題は専門的で難解に見えるかもしれないが、判事たちがある時点で連邦最高裁判所の役割をどのように理解しているのかを知るのに欠かせないものである。

最後に一つの所見を述べたい。連邦最高裁判所は多数決で判決を下すため、判事たちは別の判事を説得できる範囲に限って自らの個人的見解を効果的に提示するのである。個人の見解が重要ではないというわけではない。判断が僅差で割れた事件では、ひとりの判事はある陣営に参加しないことで、その陣営が多数派になるのを阻止することができる。しかし、法理論を積極的に形成する場合、判事は通常四名の味方が必要だ。さらに、判決という規範には理由の提示が求められる。典型的な連邦最高裁判所の判決は、事実関係の概要、関連する先例と法理論を説明し、そして別のものではなくこの法的論理がなぜ正しい解決を導くのかの理由を述べる。事実関係を整理し、関連する法理論を説明し、最終判断に至る論理を選択するといった段階のいずれにおいても、ある事件では争点となるのであって、多数意見を執筆する判事は、それが実際に「連邦最高裁判所」を代表するものとなる場合、この三要素のすべてで多数派を説得しなければならないのである。

第三章　連邦最高裁判所判事

連邦最高裁判所判事の正式な資格要件は存在しない。合衆国憲法は、上院議員は三〇歳以上の者、大統領は少なくとも三五歳以上で「出生による国籍取得」をした者という要件を定めているが、判事たちには同種の要件は規定されていない。理論上は、大統領に指名され、上院の過半数で承認された者なら、誰でも連邦最高裁判所判事に就任することができる。だが、歴代の判事は全員が法律家である。もっとも初期の判事たちの多くはロー・スクールを卒業しておらず、当時の慣例として、弁護士の下で法律実務の修業をしたことのある者だった（正式な法学教育を経ずに就任した最後の判事は、一九四一年就任のロバート・H・ジャクソン判事であり、彼はロー・スクールに一年だけ在籍した後でニューヨーク州の弁護士資格を得た）。

第一次裁判所法が連邦最高裁判所判事の定員を六名（長官一名と陪席判事五名）と定めた後、連邦議会は五度も定員の数を変更した。一八〇七年に七名、一八三七年に九名、一八六三年に一〇名（一〇人目の判事が就任することはなかった）に増員され、一八六六年に七名に戻り、現行の九名になったのは一八六九年である。定員の数が変わりやすかったのは連邦最高裁判所の仕事量に対する認識が影響していたが、政局も要因の一つだった。一八六六年に二名の定員が削減されたことで、アンドリュー・ジョンソン大統領は事実上連邦最高裁判所判事を一人も指名することができなかったが、ユリシーズ・S・グラント大統領の当選後に九名に増員されたことにより、新大統領は二名の判事を指名する機会を得たのである。連邦議会は一九三七年に、現職の判事が七〇歳に達したときに退職を拒んだ場合にはいつでも定員を一五名まで増員するというフランクリン・D・ルーズベルト大統領の提案を否決した。

その後の数十年間、定員数について議論が起こることはほとんどなかった。しかし近年、二〇一六年にオバマ大統領が連邦最高裁判所判事の候補に指名したメリック・ガーランド連邦控訴裁判所首席裁判官に面会することすら拒否した上院共和党にひどく憤慨した進歩派の人たちは、判事の定員を一～二名増員するのは妥当だと主張している。民主党主導の四名までの増員法案は、連邦議会で共和党の猛反対にあい、記者会見の段階から先に進んでいない。

連邦最高裁判所判事の任期制限という考えも注目されるようになった。終身制は世界の憲法裁判所の中では例外的であり、ほとんどの裁判所が在任年数の限定という年齢制限を定めている。連邦最高裁判所判事の平均在任年数が二八年に達し、一七八九年から一九七〇年までの平均一五年の約二倍になっていることから、リベラル派も保守派もこの問題に懸念を表明している（連邦最高裁判所では一九九四年から二〇〇五年まで判事の交代がなく、これは一八二〇年以降で最長である）。よく議論されるアイディアの一つが任期を一八年にする案であり、大統領は四年の任期の間に二名の判事を指名することが可能になる。この議論は継続しているが、研究者のほとんどは、終身制からの変更には憲法改正が必要と考えている。

連邦最高裁判所の「改革」あるいは「修正」を求める民主党支持層の声が高まる中、ジョセフ・R・バイデン・ジュニア大統領は連邦最高裁判所に関する大統領諮問委員会を政権発足後まもなく設置し、終身制変更の当否を検討した。法学教授を中心に三四名で構成されたこの委員会は、特定の意見を提言するのではなく、大統領に情報を提供することを任務とした。二〇二一年一二月に提出された二八八頁の報告書は、結論を示してないものの、委員会に供述書を提出した多くの専門家および関係者の提起する問題点について包括的な検討を行っている。

当初、連邦最高裁判所の判事たちは全員がプロテスタントであり、言うまでもなく白人男性だった。最初のカトリック教徒は、一八三六年に就任した第五代長官のロジャー・B・トーニーだった。一九六七年のサーグッド・マーシャルの就任までは全員が白人であり、一九八一年にサンドラ・デイ・オコナーが連邦最高裁判所に加わるまでは全員が男性だった。それ以降、連邦最高裁判所の中の多様性は興味深い展開を迎えている。二〇二二年開廷期を始めるにあたり、九名の判事のうち四名が女性(ソニア・ソトマイヨール、エレナ・ケイガン、エイミー・コニー・バレット、ケタンジ・ブラウン・ジャクソン)で、七名がカトリック系の出身である(ユダヤ教徒のケイガン判事とプロテスタントのジャクソン判事を除く)。一九一六年に最初のユダヤ教徒の判事となるルイス・D・ブランダイスが指名されたときは論争が巻き起こったが、その後長い間ユダヤ教徒判事のポストが一つ存在した。二〇一〇年にケイガン判事が連邦最高裁判所に加わったとき、彼女は三名のユダヤ系判事のうちのひとり(他にギンズバーグ判事とブライヤー判事がいた)となり、この状況は二〇二〇年にギンズバーグ判事が死去するまで一〇年続いた。

判事の出身地はかつて判事の指名において重要な問題だったが、いまやその意義は失われている。長年にわたって大統領は、連邦最高裁判所が考慮すべき社会的な利益と関心は国内の地域ごとによって異なるという考えを反映して、判事の出身地の地理的均衡を図ろうと試みてきた。だが、ケイガン判事がスカリア判事、ギンズバーグ判事、ソトマイヨール判事に続いて四人目のニューヨーク州出身者として就任した頃には、地理的要素はもはや問題ではなくなっていたのである。その隣のニュージャージー州は、五人目の判事であるサミュエル・A・アリート・ジュニアを輩出している。いずれもドナルド・トランプ大統領が指名したニール・M・ゴーサッチ判事とブレット・M・キャバノー判事は、ワシントンD.C.郊外の同じイエズス会系の高校に通っていた。

現代の連邦最高裁判所は、判事の前職に関して多様性をとりわけ欠くようになった。二〇〇六年にサンドラ・デイ・オコナーが引退し、アリートが後任になったことで、アメリカ史上初めて、判事の全員が指名の時点で連邦控訴裁判所裁判官の地位にいた。エレナ・ケイガンの指名がこれを覆した。合衆国訟務長官であり、それ以前はハーヴァード大学ロー・スクールの学部長だった彼女は、（一九七一年のウィリアム・H・レーンキストとルイス・F・パウエル・ジュニアの指名以来）三九年ぶりに裁判官経験のない候補者となった。トランプ大統領が指名したゴーサッチ判事、キャバノー判事、バレット判事は、いずれも指名当時は連邦控訴裁判所の裁判官だった。

以前のような立法機関と行政機関で重要な地位にある者から連邦最高裁判所判事を選んでいた時代には、このような短い経歴書の持ち主の判事就任を予想した人はほとんどいなかっただろう。例えばウォーレン長官の時代（一九五三―一九六九）の判事には、三名の元連邦議会上院議員がいた（ヒューゴ・L・ブラック、ハロルド・H・バートン、シャーマン・ミントンの三名で、このうちミントンだけが裁判官の経験があった）。別の二名は合衆国司法長官の経験者だった（ロバート・H・ジャクソンとトム・C・クラークであり、いずれも裁判官の経験がない）。他の判事にも連邦、州、地方で公選の職に就いた経験があった。長官のアール・ウォーレン自身も、カルフォルニア州知事を三期務め、一九四八年に全国共和党大会で副大統領候補として出馬したことがあった。彼は裁判官になったことがない。

連邦最高裁判所判事にふさわしいと思われる経歴が変化したのは、現代の判事指名と承認のプロセスでの政治的駆け引きによるところが大きい。このプロセスは、かつてないほどに、連邦最高裁判所の役割と判事が守るべき憲法上の価値観に関する国民的議論の機会を与えている。ジョージ・ワシントン以降の大統領たちが学んできたように、また御し難い連邦最高裁判所を馴致しようとフランクリン・D・ルーズベルトが苦心したように、判事の指名をめぐる政治的対立は常に存在してきたのである。だがこの数十年の統一性を欠く政府、連邦議会での党派的対立の激化、見解の分かれる社会問題をめぐる議論での連邦最高裁判所の存在感の大きさ、さらにそのイデオロギーの面での危ういバランスが相まって、判事指名に対する関心は高くなっている。党派は集中的な報道キャンペーンを実施することができるので、連邦最高裁判所判事の空席を埋める機会を得た大統領が、承認のプロセスや候補者の就任後の任務でサプライズを望まないのもよく理解できる。完全無欠ではないにしても無名の者の経歴書で最も利用しやすいものは、将来の候補者が特定の法律問題だけでなく、裁判官としての技能にどのように取り組んできたかを示す裁判記録である。実際に現職の裁判官を指名することは、

図表 3：2010 年 10 月 1 日のエレナ・ケイガン判事任命式に連邦最高裁判所に参集した、最初の 4 人の女性判事。左からサンドラ・デイ・オコナー判事、ソニア・ソトマイヨール判事、ルース・ベイダー・ギンズバーグ判事、エレナ・ケイガン判事。

多くの人が納得する経歴を提示することでイデオロギーに基づく人選との疑念を払拭するという大統領の目的を二重に果たすのである。

しかしながら、連邦議会が採り入れていない方針を連邦最高裁判所判事の指名を通じて推し進めようとする大統領は、特に連邦最高裁判所内部のバランスが危うい場合、候補者の経歴がどれほど素晴らしいものであっても、抵抗にあう可能性が極めて高い。一九八七年にロナルド・レーガン大統領が指名したロバート・H・ボーク裁判官をめぐる論争は、現代の「判事承認時の騒動」を生み出した出来事と描写されることが多い。ボーク裁判官をめぐる論争は、判事としての能力や資質が違うというよりは保守的傾向の程度が違うだけにもかかわらず、メディアが大々的に注目する中で繰り広げられ、その後の判事指名の対応策を形づくるという苦々しい記憶を残した、政治的に刺激の強い出来事だった。

ボーク裁判官の指名には、政治的炎上をもたらす要素がすべて含まれていた。前年の中間選挙で上院の多数を民主党に奪われていたレーガン政権は、イラン・コントラ事件［レーガン政権がアメリカ人の人質解放を目的に裏でイランに武器を売却し、その代金をニカラグアの反共右派ゲリラ「コントラ」の援助に流用したスキャンダル事件］でてこずり政治的に弱体化していた。ボーク裁判官は長年法学教授を務め、同政権が連邦最高裁判所判事の指名に備えて数年前に連邦控訴裁判所の裁判官にしていた人物だった。彼は辛口の保守派で、現代の憲法解釈に反対する著作を数多く公刊していた。ボークの前任者となるはずだったのが穏健な保守派のルイス・パウエルであり、彼は「結論が予測できない」判事で、拮抗する連邦最高裁判所で最後の一票を握っていた。それゆえ、ボークの判事就任は、パウエルがある程度肯定していた妊娠中絶やアファーマティブ・アクションなどの問題で判例を変更する担い手とみなされたのである。

リベラル団体連合と民主党の有力な上院議員たちは、ボークを「主流派ではない」とすることで承認を阻止しようと結束した。一週間にわたってテレビ中継された上院司法委員会の聴聞会で、ボークは自身の「原意主義」的司法哲学を擁護し、夫婦の避妊具使用の権利や女性の妊娠中絶の権利を保障するために、連邦最高裁判所が憲法には明記されていないプライバシーの権利に基づいたことを痛烈に批判して、敵の術中にはまった。ロバート・ボークの承認は賛成四二、反対五八で否決され、連邦最高裁判所の保守への急旋回が回避されたことが明らかとなった。カルフォルニアにある連邦控訴裁判所の裁判官であり中道保守派のアンソニー・M・ケネディが、最終的に判事として承認された。彼は妊娠中絶の権利を支持し、ボークとは際立って対照的に、修正一条の言論の自由を強く保障する考えを受け容れていた。二〇〇一年九月一一日の同時多発テロ事件後の数年間、ケネディは連邦最高裁判所多数派とともに、ブッシュ政権が主張する敵性戦闘員の拘禁政策に関する一方的な権限を退ける判決に何度も賛成した。ロバート・ボークは第三者として、これらの判決を批判していた。

判事候補者の専門的能力が十分である場合、上院議員たちのイデオロギー面での好悪とは無関係に、上院は大統領の指名に従うべきなのかをめぐって、何年も断続的に議論が行われている。この議論は、理論上の問題としては現在も一部で続いているかもしれない。だが実際の問題としては、ボークをめぐる論争で決着した。上院は、ボーク裁判官には確かに備わっていた、そして半数以上の上院議員たちが警戒していた能力をイデオロギーの点から評価する権限を主張した。「ボーク裁判官の憲法に対する、そして裁くという任務そのものに対する視野の狭さは、将来の国家的要請を損ない、憲法が長年関与してきたことを歪める危険性があまりにも大きく、彼の承認を認めることはできない」という結論を、上院司法委員会は、ボークの聴聞を検討した指名と承認に関する百頁近い報告書の中で述べた。

ボークの承認失敗の後、彼を支援していた人たちは、大統領はその時代の重要な問題に取り組んだ「紙面上の足跡」を数多く残してきた人物を指名することは二度とできないだろうと警告した。この予測は、すべてにわたって正しいわけではなかった。ルース・ベイダー・ギンズバーグは、連邦控訴裁判所の裁判官に就任する前は市民的権利では高名な弁護士で、一九七〇年代に六回も連邦最高裁判所で弁論した折には、男女差別を憲法上の問題とみなすよう判事たちを説得するのに主導的な役割を果たした。彼女には、弁護士としての活動履歴や出版物が数多くあった。しかし彼女は、賛成九六反対三であっさりと承認された。ボークとの違いの一つは、ギンズバーグの場合、民主党の大統領で、上院も民主党が多数派だったことである。もう一つの違いは、彼女は一二年も連邦控訴裁判所裁判官として（ロバート・ボークとは短期間だが同じ裁判所で同僚裁判官だった）、慎重かつ中道を心がける裁判官であることを示していたことである。さらには、彼女が主張してきた見解の多くは連邦最高裁判所の採用するものとなり、もっともらしく「主流派ではない」とすることはできなかったのである。

一九九三年の上院司法委員会の聴聞会では優位な立場で臨むことができたにもかかわらず、ギンズバーグはその後の聴聞会の質疑のあり方を形づくる先例を作り出した。それは、自身の見解について、上院議員たちに必要以上の応答はしないというものだった。彼女は、すでに明らかにしている立場を否認することなく、抽象的な内容の質問には答えず、さらに連邦最高裁判所に係属する可能性が十分ある問題については一定の立場を示すべきではないと述べることで、より具体的な内容の質問をかわしたのだ。その後の候補者もこの戦術をとり、その結果、現代の聴聞会はほとんど何も明らかにならない儀式になってしまったのである（ギンズバーグの控訴裁判所時代の同僚だったアントニン・スカリアも、一九八六年の自身の聴聞会において、この何も述べない戦術の極端な型を採用し、「連邦最高裁判所の特定の判決について、それがマーバリー対マディソン判決と同じくらい重要なものであっても、質問に答える必要があるとは思わない」と上院議員たちに述べた）。

ジョージ・W・ブッシュ大統領が二〇〇五年に連邦最高裁判所長官として指名したジョン・ロバー

ツも、レーガン政権時に駆け出しの法律家として司法省やホワイトハウスで作成したメモや検討書類といった紙面上の足跡を残していた。その中には市民的権利の主張を否定するものもあり、多くが明らかに保守的な論調だった。ボークやギンズバーグと同じ控訴裁判所の裁判官だったロバーツは、自分の見解についての質問をかわす準備をして聴聞会に臨んだ。彼は冒頭の発言から、裁判官は政策立案の担当者とは異なり、先例に拘束されるのであって、「一定の謙虚さ」をもってその任務に取り組むべきだと述べた。ロバーツは上院議員たちに次のように答えている。「裁判官は（試合の）審判のようなものだ。審判はルールを作ったりはせず、それを適用するのである」と。上院議員の全員が安心したわけではなかったが、承認には十分だった。上院は賛成七八反対二二で第一七代長官を承認し、「反対」票は四四人の民主党上院議員の半数から投じられたものだった。保守派の連邦控訴裁判所裁判官で、オコナー判事の後任としてブッシュ大統領に指名されたサミュエル・A・アリート・ジュニアの場合、上院の票はさらに分かれた。彼は二〇〇六年一月に承認されたが、賛成五八反対四二で民主党議員の賛成は四票にとどまった。

連邦最高裁判所の判事指名と承認をめぐる政治的駆け引きが変わってきたのは明らかだった。ビル・クリントン大統領が指名したギンズバーグ判事とブライヤー判事の承認まで、ボーク騒動以降の教えとは、当時のイデオロギー的主流派から判事候補を指名した大統領は超党派的な幅広い支持を得て候補者が承認されるのに困ることはないというものだった。ギンズバーグは一九九三年に賛成九六反対三で承認され、ブライヤーは翌年に賛成八七反対九で承認された。

しかし、民主党大統領が次に指名した候補者が上院の承認にかかる頃には、党派的な対立が深刻になっていた。バラク・オバマ大統領がスーター判事の後任として二〇〇九年にソニア・ソトマイヨールを指名し、スティーブンス判事の後任にエレナ・ケイガンを二〇一〇年に指名した際、民主党が多数の上院で反対されることはまずないと考えたのは当然だった。この二人は従来の基準からすれば十分適格であり――ソトマイヨールは連邦裁判所の裁判官として一七年の実績があり、ハーヴァード大学ロー・スクールで初の女性学部長となったケイガンは指名当時合衆国訟務長官を務めていた――彼女たちの判事就任が連邦最高裁判所のイデオロギー・バランスを崩すことはないと考えられていた。しかし、ケンタッキー州選出で上院少数派の院内総務ミッチ・マコーネルは、その承認投票を党への忠誠を示すテストにするよう共和党の上院議員に呼びかけた。ソトマイヨールは賛成六八反対三一で承認されたが共和党からの賛成は九票しかなく、ケイガンの場合賛成六三反対三七で承認されたが共和党からの賛成は五票しかなかった。

これはまだ発端でしかなかった。二〇一六年二月にスカリア判事が七九歳で突然死去した数時間後、上院多数派の院内総務のマコーネル議員は、その年は大統領選があるので、上院はオバマ大統領が指名する候補者を誰一人として承認することはないと発言し、全米を驚かせた。次期大統領が欠員を埋めるべきだとマコーネルは主張した。その結果、当時ワシントンD.C.の連邦控訴裁判所の首席裁判官で高く評価されていたメリック・ガーランド（のちにバイデン政権で司法長官を務める）は、上院司法委員会で聴聞にかけられることがなかった。共和党上院議員の大半が、彼に面会することを拒否した。マコーネルは、ホワイトハウスだけでなく連邦最高裁判所も一一月の大統領選挙次第であることを明らかにすることで、共和党支持層を突き動かすことに成功した。この戦略がドナルド・トランプの勝利に貢献したと評価するアナリストもいる。

トランプ大統領は、就任一一日後に、四九歳でデンバーにある連邦控訴裁判所の裁判官ニール・M・ゴーサッチを指名した。民主党上院議員たちはその枠を「盗まれた」と考えており、承認議事を妨害すると脅したが、共和党上院を率いるマコーネル議員は上院の議事規則を変更した。審議を打ち切りフィリバスター［長時間にわたって討論を続けることで議事進行を遅延させる、連邦議会上院の議事妨害の慣行の一つ］を止めるのにもう六〇票は必要なく、ギリギリの五一票で十分となった。ゴーサッチは賛成五四反対四五で承認され、三人の民主党議員が賛成した。

二〇一八年のケネディ判事の引退の後、トランプ大統領はワシントンD.C.の連邦控訴裁判所のブレット・M・キャバノー裁判官を連邦最高裁判所の判事に指名した。ケネディ判事は連邦最高裁判所ではイデオロギー的に中央に位置し、またキャバノー裁判官はより右寄りとみられていたので、承認をめぐる論争は不可避だった。一〇代の頃にキャバノーと知り合った女性が、数十年前の高校のパーティーで彼から性的暴行を受けたと証言したことで、キャバノーの承認はいっそう物議をかもすものとなった。キャバノーは、腹立たしげにその疑惑を否定した。このエピソードは、一九九一年にクラレンス・トーマスとアニタ・ヒルが上院司法委員会で対決したことを彷彿とさせる、テレビドラマのように展開した。こうした物議にもかかわらず、承認はかろうじて可決された。キャバノーは賛成五一反対四九で承認され、民主党からは一票の賛成があり、共和党から一票の反対があった。

マコーネル上院議員は二〇一六年に上院は大統領選挙の年に連邦最高裁判所の欠員を埋めるべきではないと主張したが、ルース・ベイダー・ギンズバーグ判事が投票日のわずか六週間前の二〇二〇年九月一八日に亡くなると、その方針を早々に放棄した。法廷の彼女の椅子にまだ黒布が掛けられていた九月二六日、トランプ大統領は、ロー・スクールの元教授で三年前に自身がシカゴの連邦控訴裁判所の裁判官に任命したエイミー・コニー・バレット裁判官を連邦最高裁判所の判事に指名した。民主党議員たちは、この素早い指名と、それに続く聴聞会の慌ただしさに憤慨していた。彼らは聴聞会のほとんどをボイコットし、誰もバレット裁判官の承認に賛成しなかった。バレット判事は新しい開廷期の第二回口頭弁論に間に合う一〇月二七日に就任した――新型コロナウィルスまん延のため、判事たちはその口頭弁論に電話で参加し、その音声はストリーミング配信で一般公開された。

バイデン政権が二〇二一年一月に発足したとき、連邦最高裁判所に欠員が生じることは想定されていなかったが、進歩派はすでに二七年も在職した最長老のブライヤー判事（八二歳）に退任するよう圧力を強くかけた。大統領に宛てた二〇二二年一月二七日付の書簡の中で、ブライヤーは当開廷期の終了とともに退任すると告げた。彼は、「われらの憲法と法の支配を維持することに裁判官として参加できたことを大変光栄に」思うと述べた。バイデン大統領はブライヤー判事のかつてのロー・クラークだったケタンジ・ブラウン・ジャクソン裁判官を後任として指名した。この指名は、連邦最高裁判所の判事に初の黒人女性を指名するという大統領の公約を実現するものだった。ハーヴァード大学と同ロー・スクールの卒業生であるジャクソン裁判官は、ロバーツ長官、トーマス判事、キャバノー判事が在籍していたワシントンD.C.の連邦控訴裁判所の裁判官だった。彼女には十分な資質があるにもかかわらず、共和党が上院司法委員会の聴聞会で彼女を不快な論調で無下に扱ったことに注目が集まった。ジャクソンは賛成五三反対四七で承認されたが共和党からの賛成は三票しかなかった。

大統領と上院議員たちは連邦最高裁判所判事の指名に注目するが、候補者たちはいつも期待通りになるとは限らない。政治学者は判事の「イデオロギー的傾向の転換」という現象を図式化して、イデオロギー的傾向を何度か変更した判事もいることから、これはおそらく例外というよりも法則のようなもので、よくあることだと結論づけた。近年の顕著な例はリチャード・ニクソン大統領が一九七〇年に任命したハリー・A・ブラックマンであり、彼は信頼のおける保守派で、直近に任命されたウォーレン・E・バーガー長官の子供の頃からの友人でイデオロギー面でのソウルメイトいった姿をいつも見せていた。だが二四年後に退任したとき、ブラックマンは連邦最高裁判所で最もリベラルだった。たしかに連邦最高裁判所は彼が加入した時よりも保守化していたが、ほとんどすべての重要判決で彼のリベラル化は際立っていた。ジョン・ポール・スティーブンスも共和党政権で任命された判事だが、三四年以上の在任の間にいっそうリベラルになっていた。同じく共和党政権で任命されたサンドラ・デイ・オコナーとデヴィッド・H・スーターも、それほどではないにしてもリベラル側に移行した。在任中に保守化した判事はほんの数名だろう。おそらく一九六七年から一九九三年の間に民主党の大統領が連邦最高裁判所の判事を指名する機会がなく、保守派へ移行する可能性のあった判事がほとんどいなかったためだ。保守化した判事の近年の例は、一九六二年にジョン・F・ケネディ大統領が任命したバイロン・R・ホワイトだろう。

円熟した専門家で経験豊富な人たちが見解を大幅に変更したことを、どのように説明することができるだろうか？（ブラックマンは六二才で連邦最高裁判所判事に指名され、その前に一一年も連邦控訴裁判所の裁判官を務めていた。）フランクリン・D・ルーズベルト大統領の司法長官として連邦最高裁判所を研究していたロバート・ジャクソンは、一九四一年に自身が判事として任命される直前に刊行した著作の中で、そのような疑問の一つを提起していた。その著作『司法の優位性の追求 The Struggle for Judicial Supremacy』において、彼は「判事が連邦最高裁判所に影響を及ぼすよりも、連邦最高裁判所が一貫して判事に影響を与えるのはなぜなのか」と問うた。実際ジャクソン自身もその在任中に立場を変更したのであって、当初は大統領権限を強く支持していたが、次第にその権限行使に懐疑的になり、そして一九五二年には、いまだ広く引用される同意意見を執筆して、大統領権限の主張を限定する枠組みを設定したのである（ヤングスタウン・シート&チューブ社対ソーヤー判決（Youngstown Sheet & Tube Co. v. Sawyer））。

ジャクソンの問いが指摘するように、連邦最高裁判所の判事を務める経験は独特かつ強力であって、明らかに全員ではないにしても、何人かには先入観を払拭する新しい視点を与えるのである。一九六九年から二〇〇六年まで共和党政権で任命された一二名の判事について調査した研究者は、連邦の行政機関での勤務経験と連邦最高裁判所の判事就任後のイデオロギーの不変性とに強い相関性を見出している。調査対象の判事たちの半数は判事就任前に行政機関で相当の地位に就いていたが、残る半数はそうではなかった。そして、行政機関で勤務経験のない判事だけがリベラル化した。一九五三年のアール・ウォーレンの任命までさかのぼって調査した別の研究者は、任命時の居住地が、市民的権利に関する裁判で「立場を変更」した判事とそうではない判事を区別する要因であることを示した。指名時にワシントンD.C.に居住していた者には立場を変更しない傾向があり、ワシントンD.C.近郊の外から着任する判事はリベラル化したという。もちろん、行政機関で勤務経験のある者とワシント

図表4：ウィリアム・O・ダグラス判事　フランクリン・D・ルーズベルト大統領が彼を判事に指名した1939年3月20日に撮影。40歳で判事に任命されたダグラスは在任期間が史上最長であり、36年後の1975年に引退した。

ンD.C.で居住していた者との間には、全員ではないにしても、相当程度の重複がある。中年期に新しい都市へ移住するという困難を伴う経験をした判事は、新しい考えに寛大になる傾向があるのかもしれない。

憲法上、連邦裁判所の裁判官は、大統領、副大統領および「合衆国のすべての文官」とともに、「重大な罪または軽罪」につき弾劾の対象となる。一〇名以上の連邦下級裁判所の裁判官が連邦議会下院による弾劾の訴追を受け、上院で有罪と判決され、その後罷免されたが、連邦議会は連邦最高裁判所の判事を罷免したことはない。一八〇四年、下院はサミュエル・チェイス判事を煽動罪で弾劾訴追すると決議した。チェイスはジョン・アダムズ前大統領の熱心な支持者だった。彼はその演説と、巡回裁判所裁判官として大陪審に対して行ったジェファーソン大統領を批判する説示により、新たに政権についたジェファーソンの民主共和党の怒りを買っていた。しかしチェイスは罪を犯しておらず、上院は無罪判決を下した。その後、彼は七年も連邦最高裁判所にとどまっていた。この事例から、裁判官の法廷での行為に対する不満は弾劾の正当な理由にはならないという原則が確立した。

しかしながら、一九六〇年代にはアール・ウォーレン長官の弾劾を求める声があり、一九七〇年には下院共和党の院内総務ジェラルド・R・フォードが辛口のリベラル派のウィリアム・O・ダグラス判事を弾劾する活動を主導していた。ダグラスに対するフォードの動きにはニクソン政権の支持があり、ダグラスの数度にわたる結婚や書籍や雑誌記事の刊行、民間基金の理事就任といった法廷外の活動に批判は集中していた。これらの活動が弾劾の対象となる罪に相当するのかの説明を求められた際、フォードは「下院の過半数が歴史の特定の時点でそうと判断したものが弾劾の対象となる罪なのだ」と答えた。下院司法委員会はダグラスに対する弾劾請求を詳細に調査したが弾劾の勧告はせず、この試みは終息した。ダグラスは連邦最高裁判所の歴史で最長の三六年間在任し、一九七五年に引退した。奇妙な運命のめぐりあわせか、その一年前にニクソン大統領が弾劾に直面して辞任し、ジェラルド・フォードが大統領に就任した。

第四章　連邦最高裁判所長官

合衆国憲法三条は司法に関する条項だが、長官について一言も触れていない。起草者たちが連邦最高裁判所には長官がいることを意図していたのは明らかだが、憲法の条文それ自体から——大統領に対する上院の弾劾裁判では長官が裁判長を務めるという第一条の明確な規定から——推論してその意図を導き出すしかない。ジョン・G・ロバーツ・ジュニア長官は、二〇二〇年初頭のドナルド・トランプ大統領に対する上院の弾劾裁判で、その任務を果たした。彼の前任者のウィリアム・H・レーンキスト長官は、一九九九年のビル・クリントン大統領に対する弾劾裁判での役割について質問された際に、「何かをしたわけではないが、上手にやりました」と笑顔で答えた（前大統領が退任した後の二〇二一年一月下旬に行われたトランプに対する二回目の弾劾裁判では、ロバーツ長官は裁判長を務める義務はないと判断した。その役割は、上院議長代行だったバーモント州選出の民主党上院議員パトリック・J・リーヒが務めた）。

起草者たちが何を想定したにせよ、今日連邦最高裁判所長官の任務は特にないと断言する人はいないはずだ。その任務は、数世紀の間に、法律と慣行の双方によって大幅に拡大したのである。二〇〇六年のある研究は、連邦議会が長官に特別の任務を課し権限を付与した八一の個別規定を一覧にまとめている。そうした任務は、連邦議会図書館が収蔵する法律書の購入指示から、国外での諜報活動と傍聴の実施を政府に認める特別法廷の一一名の裁判官の任命にまで及ぶ。長官は、法律の定めにより、ナショナル・ギャラリーおよびスミソニアン協会の役員である。また、連邦の司法制度の方針を定める合衆国司法会議で議長を務める。そして必要な場合に、他の判事の障がいの程度や早期退任の適格性を認定する。

連邦最高裁判所の判決の結果を左右する九票のうちの一票を投ずることは、いまだ長官が行使する最も重要なただ一つの権限なのかもしれない。第六代長官のサーモン・P・チェイスにとって、この権限は本当に重要なものだった。「長官の権限の大きさについては、非常に誤解されている」と、チェイスは一八六八年の書簡で書いていた。「連邦最高裁判所では長官は八名の判事の一人に過ぎず、各々の判事は長官と同じ権限をもっている。長官の判断は他の判事と同じ重みしかなく、採決の票も他より重要なわけではない。長官は裁判長であり、また裁判以外の多くの任務が彼に任されている。それだけだ」と。

長官が対等な判事たちの筆頭者に過ぎないとしても、二一世紀の理解では、その権限を広く評価する必要がある。今日、長官を連邦最高裁判所だけでなく司法機関全体の最高責任者と理解するのがより的確である。連邦裁判所の裁判官に就任するための典型的な経歴では、このような多面的な役割を果たす能力を培うことができない。二〇世紀の長官でその力量を最もよく備えていたのは第一〇代長官のウィリアム・ハワード・タフトに違いなく、彼は第二七代大統領でもあった。一九二一年から一九三〇年まで連邦最高裁判所に在任したタフトは、当然ながら、最も有能な長官の一人だった。

連邦最高裁判所にすでに在任していることも、長官の任務を果たす力を蓄えるのに有益であるが、あまり一般的ではない。一七人の長官のうち、すでに陪席判事だったのは四名しかいない。そのうちの三名——レーンキスト、エドワード・ダグラス・ホワイト、ハーラン・フィスク・ストーン——は、陪席判事から長官に昇格した（ジョージ・ワシントンが長官に指名したが上院で承認されなかったジョン・ラトリッジをこのリストに加えていないのは、彼は陪席判事として承認されたのに就任しなかったためである）。四人目の元陪席判事のチャールズ・エヴァンズ・ヒューズは一九一六年に大統領選に立候補するために、連邦最高裁判所を辞職した。一四年後、タフト長官の死去に伴い、ハーバート・フーヴァー大統領はヒューズを次期長官に選任したのである。

陪席の連邦最高裁判所判事としてすでに上院で承認されていても、長官に指名された者は別に上院の承認を得て、新たに辞令を受けなければならない。承認をめぐる政治問題として、この要件は大統領が現職の陪席判事を昇格させることを妨げる要因となっている。一九八六年にレーガン大統領がウィリアム・レーンキストを長官に昇格させる際にそうなったように、この承認手続は候補者のこれまでの連邦最高裁判所での足跡や連邦最高裁判所全体の方向性を問う信任投票へと転化しやすいのである。

今日一般的に使用している連邦最高裁判所長官という名称については、その起源は定かではない。第一次裁判所法も憲法自体も「長官」と定め、それ以上詳細に規定していない。この冗長な「連邦最高裁判所長官」という名称は、のちに使用されるようになった。一八六〇年代に連邦議会は現在の名称を使用するようになり、一八八八年に長官に就任したメルヴィル・W・フラーの辞令には使用され

図表5：1921年就任時に撮影されたウィリアム・ハワード・タフト長官　彼は、大統領と連邦最高裁判所長官の双方を務めた唯一の人物である。

ていた。

その任務の純粋に司法的な要素を長官がどのように遂行しているのかは、法律ではなく伝統によって多く確定されてきた。彼は連邦最高裁判所の独特の用語である「判事会議」という判事たちの会議体を取り仕切る。ある裁判で長官が多数意見に属する場合、長官は判決理由の執筆を自分か多数派の別の判事に割り当てる特権を行使する。長官が反対意見に与する場合、多数意見側の在任期間が長い判事が執筆者を割り当てる。

連邦最高裁判所では、慣例として、各判事は開廷期を通じておよそ同じ数の多数意見を執筆する。しかし、執筆者割り当てという役割には、ただチェックリストに沿っていく以上に多くの目配りや見通しが必要となる。五人の判事が下級審の判決を破棄または支持するために多数派を形成しているということだけでは、その五人全員が争点を同じように理解しているとか、その結論や理由付けに確信があると思っているということを意味しない。それゆえ多数意見の影響力が弱い僅差の事件では、長官であろうと陪席判事であろうと割り当てをする判事は、多数意見を執筆する任を、多数派の見解に確信を一番抱いていないように見える同僚に委ねるのがむしろ一般的である。多数意見の理由を明確にすることで立場を明らかにしていない判事を説得し、最も回避したい結果——反対意見の優秀な議論に説得された判事の離反——を阻止することが期待されるのである。

しかしながら、そのようなことが時には生じる。例えば、一九九一年開廷期の連邦最高裁判所では、公立高校の卒業式で聖職者の一人が祈祷したことが憲法上の政教分離に違反するかという問題について、意見が分かれ票数も僅差だった。連邦控訴裁判所はそれを政教分離違反と判決し、連邦最高裁判所は教育委員会側の上訴を受理した。一九九二年のリー対ワイズマン判決（Lee v. Weisman）で連邦最高裁判所は、口頭弁論の後、五対四で下級審の判決を変更して聖職者主導の祈祷は合憲と判決することにした。レーンキスト長官は多数意見の執筆をアンソニー・M・ケネディ判事に割り当てた。数か月かけて判決を執筆する間に、ケネディは自分が間違った側にいると判断した——その判断は、裁判の結果がいまや逆転することを意味した。ケネディは長官と反対派の長老格の陪席判事ハリー・A・ブラックマンにこの旨を伝えた。「高校の卒業式祈祷事件を変更する判決を執筆した後で、自分の草稿がまったく間違っていると思えた」とケネディはブラックマン宛の書簡で告げ、祈祷の違憲性を認定した下級審判決を支持する草稿をすでに書き上げたと付け加えた。この事件はブラックマンが割り当てるものとなり、彼はケネディに判決執筆の任を続けるよう伝えた。ケネディは引き続き判決を執筆し、ブラックマンや元反対派の判事たちが納得する若干の修正を加えた。数か月後の一九九二年六月、連邦最高裁判所は公立高校の卒業式で聖職者が主導して祈祷を行うことを否定する五対四の判決を下した。この舞台裏のドラマは、ブラックマン所有の書類が連邦議会図書館で公開されるまでの一二年間、連邦最高裁判所の外に漏れ伝わることはなかった。

判決執筆者を割り当てることは、連邦最高裁判所長官にとって権力の重要な源泉である。判決理由については、同じ結論に至るにしても、射程を狭くあるいは広く記述することができる。ある法原則を一定の方向へ推し進めようとする場合やある見解が影響力をもたないようにしたい場合、同僚のスタイルや好みをよく知る長官はその権力を効果的に行使することができる。長官が多数派に属する場合に、政治的に重要な意味のある裁判や、権力分立に深刻な問題を提起する事件では、長官自らが判決を執筆するのが通例である。例えばロバーツ長官は、イスラム諸国からの渡航を禁止した大統領令を容認したトランプ対ハワイ州判決（**Trump v. Hawaii**）で多数意見を執筆した。ニクソン大統領にウォーターゲート事件の録音テープの提出を命じ、そのため弾劾に直面した大統領の辞任をもたらした合衆国対ニクソン判決（United States v. Nixon）の全員一致の判決理由には、バーガー長官の名前が執筆者として記されている。それでも結局のところ、連邦最高裁判所長官は、他の判事と同様に、結論を左右する一票をもつにすぎないのである。

長官は、四人のロー・クラークの補佐を受けながら連邦最高裁判所の司法に関する任務を管理するだけでなく、四百人以上の職員が働く連邦最高裁判所の庁舎の責任者も務める。連邦最高裁判所には独自の警察組織があり、書類の複雑なやり取りを管理する専属の職員がいる。毎週およそ百件の新しい上訴申立てが連邦最高裁判所に届くほかに、口頭弁論の日程が決まった事件の趣意書が絶え間なく送られてくる。これらの趣意書のすべてが、次のような規則に則っているのかを確認しなければならない。その趣意書は制限字数を超えず、締切までに提出されたのか？　表紙の色は適切か？（提出書類の種類によって表紙の色が決まるので、それが新規の上訴申立ての訴状なのか〈白〉、下級審判決を支持する側の本案趣意書なのか〈赤〉、「法廷助言者」からの趣意書なのか〈当事者のいずれを支持する「助言者」なのかで深緑か薄緑になる〉が、一目で分かるようになっている）その週に到着した書類の一式は九台の荷台に乗せられて、判事の執務室に届けられる。連邦最高裁判所書記官（上級職員であり、ロー・クラークと間違えてはならない）がこの書類の流れを監督し、廷吏は連邦最高裁判所の警備を担当する。長官には長官参事官と呼ばれる事務管理の面での補佐官もつき、庁舎の内側だけでなく、長官と司法機関の各部局との連絡役を務めるなど外側でも重要な任務を担当している。

その部局の一つが、合衆国裁判所事務局である。その名称が示すように、この事務局は連邦裁判所組織の中枢である。連邦最高裁判所長官は事務局長を選任し、事務局長は長官に対して責任を負う。連邦裁判所の組織には、千二百名の終身裁判官、それ以外の八五〇名の裁判官、三万人の職員がおり、八〇億ドル以上の予算をもち、それ自体が複雑な官僚機構であって、連邦最高裁判所長官の最終的な監督の下にある。

長官はまた、一三の連邦控訴裁判所の首席裁判官、各巡回区から一名の経験豊富な連邦地方裁判所裁判官、国際通商裁判所の首席裁判官で構成される合衆国司法会議の議長を務める。この会議は年に二回、連邦最高裁判所で開催されており、かつてタフト長官が設置するよう連邦議会を説得した巡回区上席裁判官会議の後継機関である。その当初の目的は、「合衆国の裁判所の司法行政の改善に関するあらゆる問題について」、長官に助言を与えることだった。

今日の司法会議の任務はいっそう広範なものとなっている。その任務の大半は、連邦裁判所の裁判権と訴訟手続の重要な事項を定める規則を提案する委員会が担当している。司法会議にある二二の委員会には、長官からの就任依頼を栄誉と考える弁護士や裁判官など約二五〇人の委員がいる。司法会議それ自体も、裁判官の増員や報酬引上げの必要性といった問題について連邦議会と頻繁に連絡を取っている。さらに、裁判所に潜在的な影響を与える審議中の法案についてコメントすることもある。その任務に関連して、司法会議と連邦最高裁判所長官はロビイストのような役割を果たして、特定の政策を実現させ、あるいは阻止しているのである。

例えば、司法会議は一九九一年に、性暴力の被害者が加害者に対して損害賠償を連邦裁判所で請求するのを認める、審議中の法案に反対した。レーンキスト長官自身は一九九一年の年次報告書の中で、「私人の訴権を広範に認めることにより、この法案は多くの家庭内の紛争に連邦裁判所を巻き込むことになるだろう」と批判した。その三年後、この法案はいくぶん修正されて、女性に対する暴力防止法として可決された。二〇〇〇年にレーンキストは連邦最高裁判所の多数意見を執筆し、憲法上連邦議会には制定権限がないことを理由に、この法律の民事賠償という新規の救済策を無効にした（合衆国対モリソン判決（United States v. Morrison））。

「連邦裁判所に関する」年次報告は、ウォーレン・E・バーガー長官が発案したものである。彼は一九七〇年から報告を始め、大抵はアメリカ法曹協会の一月例会のスピーチで発表していた。この発表の時期は、おおむね大統領の一般教書演説と一致するものだった。バーガーの後任であるウィリアム・レーンキストは公の場で発表することを止め、代わりに大みそかに報告書を刊行することにした。ジョン・ロバーツ長官もこの慣行を受け継いでいる。

連邦最高裁判所長官の任務の多くは人々からは分かりにくいものだが、この比較的最近の慣行である年次報告書の刊行は、政府の第三の機関を一般に体現するという長官が果たす象徴的な役割を強調するのに役立っている。また長官は、他国の憲法裁判所の裁判官の来訪に応接し、四年に一度の大統領就任式では大統領の就任宣誓を執り行う。レーンキスト長官は重篤な甲状腺がんで三か月も公に姿を現さなかったが、病床を離れ、二〇〇五年一月のジョージ・W・ブッシュ大統領の二期目の就任式を執り行った。これは、レーンキストが連邦最高裁判所の外で公に姿を現した最後となった。彼は六か月後に八〇歳で死去した。連邦最高裁判所判事就任から三三年目のことだった。

連邦最高裁判所の歴史の一定の期間を当時の長官の名前で呼ぶのが通例となっているものの、一七名の長官の全員が人々の意識に等しく痕跡を残したわけではなかった。ヴィンソン長官の時代（フレデリック・M・ヴィンソン長官、在任一九四六―一九五三）の連邦最高裁判所は大した印象を残さなかったが、その直後のウォーレン長官の時代（一九五三―一九六九）には大きな痕跡を残した。ウィリアム・J・ブレナン・ジュニア判事こそがウォーレン長官の時代の画期的な判決を生み出した当人だったが、ウォーレン長官の名前は、リベラル派が多数を占めた連邦最高裁判所が社会変革の手段として憲法を活用した時代としっかりと結びついている。「現職の長官の影響力は、その役割それ自体に加

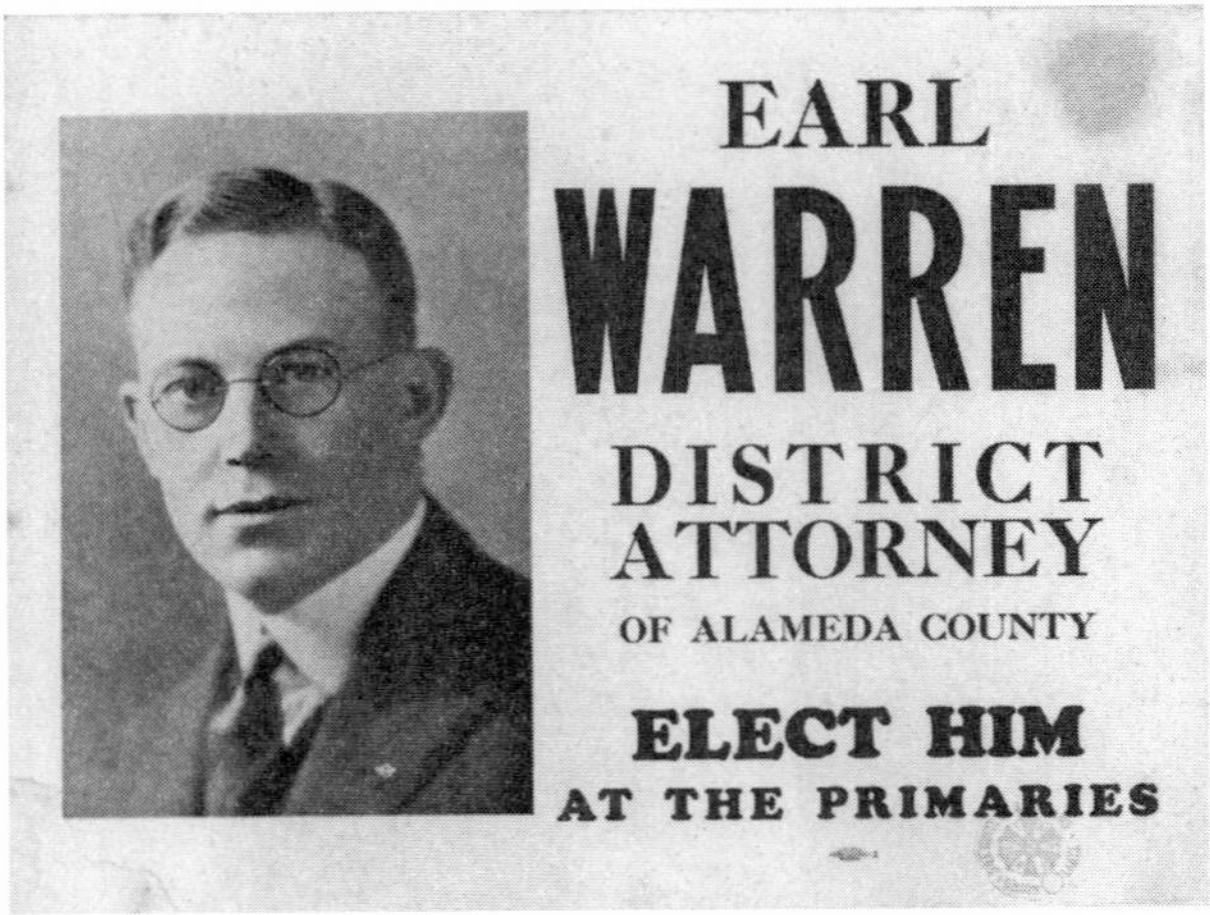
EARL
WARREN
DISTRICT
ATTORNEY
OF ALAMEDA COUNTY
ELECT HIM
AT THE PRIMARIES

図表 6：アール・ウォーレンは、1953 年に連邦最高裁判所長官に就任するまでは現役の政治家であり、裁判官を務めたことはなかった。このポスターは、彼がカリフォルニア州の民選検事として成功するキャリアの初期のものである。のちに彼はカリフォルニア州知事を 3 期務めた。

えて、長官がそれをどのように活用するのか、そしてそれをどのように成し遂げるのかに左右される」と、連邦最高裁判所の研究者は一〇年ほど前に述べ、「それ以上に重要なのが、中心にいる人物が発する精神力など人格的な無形の人間的要素なのである」という。

元大統領のウィリアム・ハワード・タフトの偉功が現代の長官の誰よりも残り続けるのは、その長官の時代に下した判決の重要性だけでなく、（連邦最高裁判所の庁舎そのものの）大理石と、連邦最高裁判所が自らの任務を管理する権限を確立したことでそれが彩られているからだ。タフトは長官として一九二五年裁判所法を推進したが、連邦議会はこの法律で連邦最高裁判所に係属事件に対する裁量権を広く認めた（この法律は、起草の段階から連邦最高裁判所の判事たちが大きく関わっていたことから、裁判官法と呼ばれることが多い)。判事たちは、適切に申し立てられたすべての上訴に判決を下す必要はもうなくなったのである。これには連邦最高裁判所を一新するほどの影響力があった。変更が実施された数か月後の記事で、タフト長官は判事にどの事件に判決を下すのかの選択権を認めることの意義を説明した。「連邦最高裁判所の任務は、特定の当事者の不正を正すことではなく、判決が法原則に関わり、その法原則の適用が広範な社会のあるいは政府の利益に関係し、そして終審裁判所としてその法原則の適用を有権的に宣言するべき事件を検討することだと理解される」とタフトは述べた。そして連邦最高裁判所が関心を持つべき事件の典型例を次のように示した。「連邦法および州法の連邦憲法との適合性の問題、正真正銘の個人の憲法上の権利の問題、大多数の人々に影響を与える連邦法の解釈問題、連邦裁判所の裁判権の問題、そして広範に適用される一般法の疑問点で連邦最高裁判所がその解決に参与できる事件」と。

言い換えれば、もはや連邦最高裁判所は、敗訴した訴訟当事者が持ち込むあらゆる法的紛争の受動的な受任機関ではなく、司法制度の単なる最高上訴裁判所でもない。連邦最高裁判所の判事たちは、どの事件――どの法的問題――が自分たちの関心を引き、ひいては全国的な注目を集めるほど重要なものかを判断する。この新しい裁判所法には、「裁量上訴受理令状」――審理のために事件を受理する命令を意味する専門用語――を連邦最高裁判所に申し立てる人たちに対する次のような注意書きが規定されている。「裁量上訴受理令状の発行にかかる審査は権利の問題ではなく、司法の正当な裁量の問題であって、特別かつ重要な理由がある場合に限り認められるものである」と。連邦最高裁判所はいまや自らの命運を司ることができるだけでなく、合衆国の法的課題を設定する立場にあるのだ。

第五章　連邦最高裁判所の任務 2

タフト長官は連邦最高裁判所に係属事件を管理する権限を与えただけでなく、大理石の庁舎という遺産も残した。判事たちは、タフトの死から五年後、そして連邦最高裁判所が発足してから一四五年後の一九三五年に、新庁舎へ移転した。その拠点の確保は、政府の他の機関と対等な組織を統率する役割を表すだけでなく、これまで自宅で執務していた判事たちにようやく執務室を提供することでもあり、連邦最高裁判所には象徴的かつ実際的な意味で重要だったといえる。

タフト長官は亡くなるまで、連邦議会が設置した連邦最高裁判所庁舎委員会の委員長として、この建設プロジェクトに積極的に関わっていた。彼は、連邦議会議事堂の道路を隔てた東側で、連邦議会図書館に隣接する場所を提案した。タフトは、ニューヨークにある合衆国税関庁舎や連邦裁判所庁舎など数多くの重要な公共建築物を設計してきた高名な建築家キャス・ギルバート・シニアに設計を依頼した。同じくニューヨークにあるギルバートの設計した六六階建てのウールワース・ビルは、完成した一九一三年から二〇年近くも世界で一番高い建築物だった。

タフト長官はギルバートに「威厳と重厚さを備えた建物」を設計するよう指示し、ギルバートはそれに応じた。連邦最高裁判所庁舎は古代コリント式のギリシャ神殿風で、西側の正面玄関には一六本の大理石の柱がある。ペディメント［切妻屋根上部の三角部分］には、「秩序と権威に守られた自由の尊崇」を象徴する一群の彫像がある。二〇一〇年まで連邦最高裁判所を見学する人たちは、正面広場の階段を上り、「法の下の公平な正義」と刻まれたアーキトレーブ［柱の上部にわたる梁］をくぐって入館した。ロバーツ長官は、その措置は不要で残念極まりないという一部の同僚の反対を押し切り、警備上の理由から正面玄関の閉鎖を命じた。今日、見学者は階段下の保安検査エリアから入館する。

法廷それ自体は、大ホールと呼ばれる一階通路のつき当たりにあり、横八二フィート縦九一フィート［おおよそ横二五メートル縦二八メートル］の広さの、堂々としているが意外とくつろげる空間である。口頭弁論の際に弁護士が弁論する書見台は、驚くほど法壇にいる判事たちの近くにある。連邦最高裁判所での弁論をある程度落ち着いて行うことのできる弁護士の中には、弁論が上手くいっているときは判事たちと世間話をしているように感じることがあるという人もいる。連邦最高裁判所に出廷できる法律家用の席の他に、法廷には一般傍聴用に三百席が用意されており、傍聴人は先着順で着席する。連邦最高裁判所は傍聴用に二つの列を設け、一つは開廷中の様子を数分だけ見学したい観光客用の列であり、もう一つは一時間以上かかる口頭弁論すべてを傍聴したい人たちの列である。重要な裁判では、傍聴希望者は夜明け前から庁舎前に並び始める。

連邦最高裁判所で行われる公開の口頭弁論は、判決を下すプロセスの氷山の一角に過ぎない。判事たちは、年に四〇日ほどしか口頭弁論を開かない。彼らは、一〇月から翌年四月にかけて、毎月二週ごとに口頭弁論を開く（通常は月曜、火曜、水曜の午前中のみ）。連邦最高裁判所が別に指示しなけれ

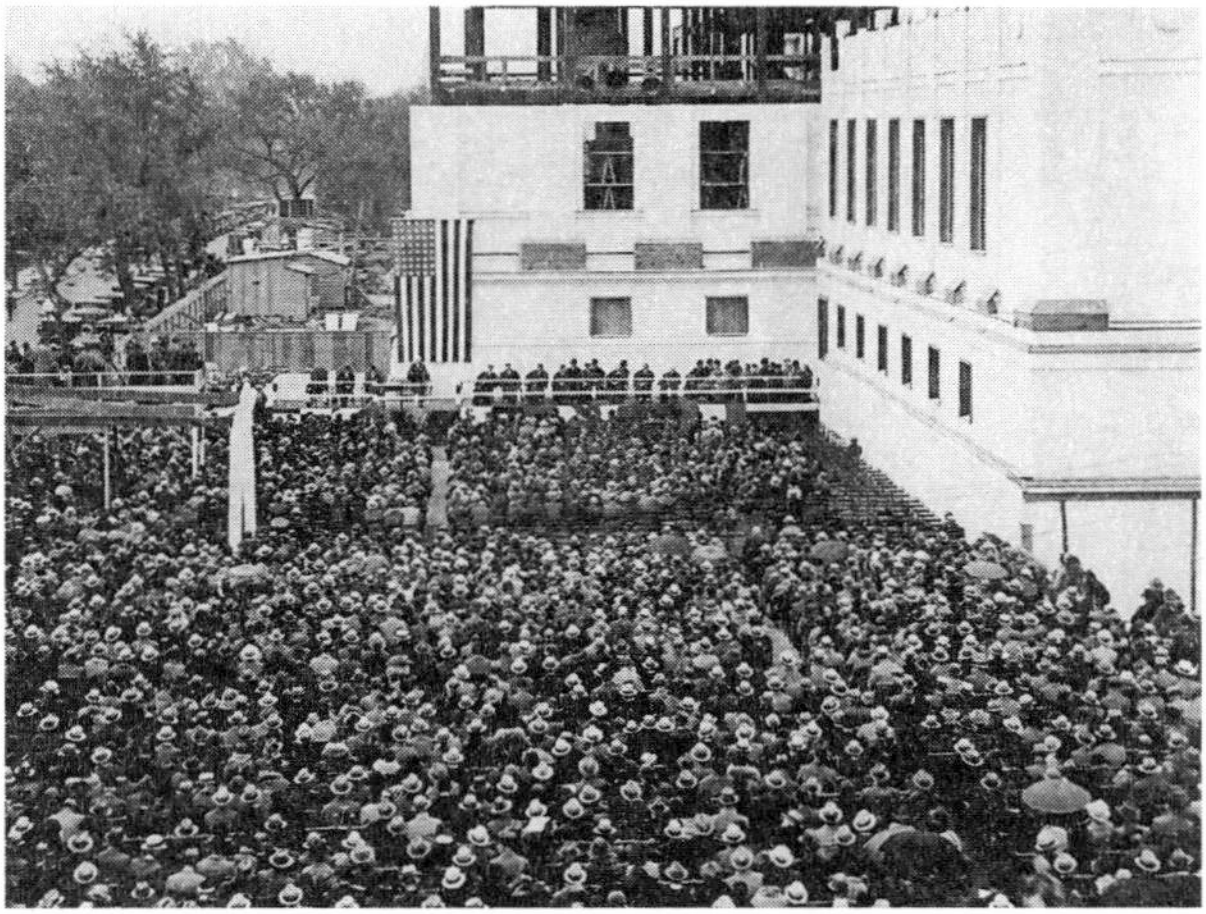

図表7：1932年10月13日に挙行された連邦最高裁判所庁舎の起工式。チャールズ・エヴァンズ・ヒューズ長官が式を執り行った。この建物の責任者だったタフト長官と設計者のキャス・ギルバート・シニアは、ともにすでに亡くなっていた。

ば、弁論は双方それぞれ三〇分ずつ、合計一時間行われる。この日程で判事たちは毎年八〇件の弁論を開くことができるが、近年の開催件数は七〇台前半である。

経験豊富な弁護士たちは、判事たちが弁論の途中に口をはさむことが多いのを熟知している。弁論中に判事たちが質問を数多くするのは珍しいことではない（二〇一九年に判事たちは、一定の連続した時間の確保は弁護士たちが実際に事件について弁論するのに有益と判断し、双方の弁論の冒頭二分間は質問を控えると発表した）。弁論に関する規則を通じて、連邦最高裁判所は次のことを弁護士たちに伝える。「口頭弁論では、本案趣意書に記された主張を強調し明確にすべきである。弁護人は、判事全員が事前に趣意書に目を通していると想定しなければならない。事前に用意した文面を読み上げる弁論は望ましくない」。連邦最高裁判所での弁論で成功している弁護士たちは、てきぱきと答弁するだけでなく、広範な法の世界で当該事件が占める立ち位置について深く考えており、そして判事たちが弁論に求めているのはいずれか一方の勝訴判決という影響力の大きい結果に対する確信であることを理解している。次の事件やその次の事件にどのような示唆を与えるだろうか？　連邦最高裁判所の判事たちは、相争う当事者間の紛争を解決するよりもいっそう重要な活動に従事していることを自認している。弁護士たちの主張が意味することを確認するために、判事たちは実際の事件から離れて想定上の複雑な問題を設定することが多く、その場合「閣下、それはこの事件に関係しません」と言うのは、適切な答弁ではないのである。

連邦最高裁判所で弁論する弁護士たちは、毎年数回いつものように出廷するので、判事たちには顔なじみである。その中で特に目立つのが、司法省訟務長官室という連邦最高裁判所で連邦政府を弁護する司法省の一部局の面々である。法律により「法に精通している」ことが求められる訟務長官は大統領により指名され、上院が承認する。訟務長官の首席副長官は別にして、訟務長官室内の二五人ほどの弁護士は大統領が交代しても留任することの多い公務員である。その多くは連邦最高裁判所でロー・クラークを務めた経験があり、訟務長官室を退職した後に連邦最高裁判所での弁論に定評のある法律事務所に加入したり、自分の事務所を設立したりする。この手のキャリアを積んだ訟務長官室の出身者で、素晴らしい成功を収めた一人がロバーツ長官である。ケイガン判事は、オバマ大統領が彼女を指名する前まで、実際に訟務長官を務めていた。

連邦最高裁判所は口頭弁論では表向きの顔を見せるが、その実質的な業務のほとんどは舞台裏で行

図表8：頭上から撮影された、あまり一般的ではない眺望の連邦最高裁判所の法廷の写真から、法壇がやや湾曲していることが分かる。銅製の柵より前の座席は、連邦最高裁判所に出廷できる法律家用の席である。

われている。それは、事件の選別手続から始まる。連邦最高裁判所には近年、年間約五千件の上訴申立てが送達される。正しくは裁量上訴受理令状（サーシオレイライ）の申立てであり、サーシオレイライとはラテン語で「通告される」あるいは「確認される」を意味する。連邦最高裁判所に審理を申請することを、一般に裁量上訴の申立てという。連邦最高裁判所の規則は、この申立書が特定の書式に従うことを求める。第一が「上訴にかかる争点」であり、それは「簡潔でなければならず、議論提起的もしくは反復的であってはならない」。連邦最高裁判所規則一四条は、「審理を求める論点の迅速かつ適切な理解に不可欠な事項を正確、簡潔、明瞭に提示することができない場合、当裁判所が上訴申立てを退ける十分な理由になる」と厳格に弁護士に指示

MONDAY, DECEMBER 11, 2000
CASE FOR ARGUMENT TODAY

MR. THEODORE B. OLSON Washington, D.C. (35 minutes - for petitioners	No. 00–949. (1) GEORGE W. BUSH AND RICHARD CHENEY, Petitioners	
MR. JOSEPH P. KLOCK, JR. Miami, Fla. (10 minutes – for respondents Katherine Harris, et al., in support of petitioners)	V.	1 and ½ hours for argument
MR. DAVID BOIES Armonk, N.Y. (45 minutes – for respondents)	ALBERT GORE, JR., ET AL.	

図表 9：これは「開廷表」と呼ばれる、ある日の口頭弁論の予定表である。この予定表は、2000 年の大統領選挙の結果を決定するブッシュ対ゴア事件の口頭弁論のものだ。2 人の大統領候補の弁護は、連邦最高裁判所での弁論経験が豊富な弁護士であるセオドア・B・オルソン（ブッシュ知事側）とデビット・ボイズ（ゴア副大統領側）がそれぞれ担当した。フロリダ州の州務長官キャサリン・ハリスの代理として出廷したジョセフ・P・クロック・ジュニアにとって、これが連邦最高裁判所での最初の弁論だった。判事たちは、通常は 1 時間のところ、30 分延長した。

している。

申立書は全体として簡明でなければならず、下級審判決を含む添付書類を除き、九千語を超えてはならない。連邦最高裁判所が延長を認めない限り、上訴申立書は対象の下級審判決が下されてから九〇日以内に提出されなければならない。

こうした申請に対する連邦最高裁判所の判断は、完全に裁量の問題である（ごく一部の事件は、上訴申立てではなく「裁判権陳述書」として連邦最高裁判所に送達される。この場合、判事たちは専門的な問題として、上訴を棄却する、理由を述べない略式判決を下す、あるいは「裁判権に留意して」事件を審理するという他の事件と同じ手続をとる、といった何らかの対応をしなければならない。裁判権に関する詳細に言及することは、本書の範囲を超える。

かつては重要だったこの「権利上訴」というカテゴリーは、今日投票権法に基づいて提起される訴訟にほぼ限定されていると指摘するだけで十分だろう。連邦議会は一九八〇年代半ばに判事たちの要請に応じて、他の分野の権利上訴をほとんど廃止し連邦最高裁判所にいっそうの裁量権を認めた)。

連邦最高裁判所規則一〇条は上訴人に対して、「裁量上訴受理令状の発行にかかる審査は権利の問題ではなく、司法の裁量の問題である」こと、そして「切実な理由がある場合に限り認められるものである」ことを通告する。同条は、「連邦最高裁判所が検討対象にする上訴理由の特徴」について例示している。それは、「重要な連邦問題」に関する連邦下級裁判所の間あるいは連邦下級裁判所と州裁判所の間の矛盾に関連するものが多い。内国歳入法や別の連邦法の条文が意味することは、ボストンにある第一巡回区連邦控訴裁判所とシカゴにある第七巡回区連邦控訴裁判所で同じはずだ。同様に、合衆国憲法のある条項について、カルフォルニア州最高裁判所とニューヨーク州最高裁判所で解釈が異なってはならない(もちろん州裁判所は、その州の憲法を自由に解釈して、合衆国憲法が保障するよりも強く個人の権利を保障することができる。しかし、保障の程度を合衆国憲法より下げることはできない)。連邦最高裁判所に上訴の受理を説得しようとする弁護士たちは、規則一〇条が示すような矛盾が実際に存在していることを証明しようと努める。とはいえ、その事件の法的問題が連邦最高裁判所の注目を得るほど十分「重要な」ものなのかの判断は、すべて判事たちに委ねられているのである。

「四名賛成の原則」という慣行から、「上訴を受理」して事件を審理するには、判事四名の賛成が必要である。もちろん四名というのは過半数に一人足りないので、判事たちがとくに強い思い入れを抱いている、判断が僅差で分かれている事件では、戦略的な立ち振る舞いが必然的に行われている。四名の判事が下級裁判所の判決には重大な誤りがあると考え上訴を受理すべきと判断した、と想定してみよう。その四名が最終的に五票を獲得するのに確信を持てなかった場合、全国に及ぶ「間違った」ルールを作り出すような判決を下すよりも、上訴を受理する機会を見送ることにするかもしれない。政治学者はこれを「防御的不受理」と呼ぶ。しかし多くの場合、判事たちは、最終的な結論よりも、下級裁判所の間の矛盾を解決して、特に法律の解釈に関しては全国に及ぶ統一的なルールを確立する必要性を重視しているのかもしれない。連邦議会が連邦法の事件で連邦最高裁判所の判決に不満がある場合、法律を改正することでその判決を覆すことができるのである。

毎年数千件もの上訴申立ての中から受理される数十件を選別することは、九人の判事には骨の折れる作業である。申立件数が激増した一九七〇年代半ばに、判事たちは若く精力的なロー・クラークたちを「申立て担当」にして、その作業の軽減化を図った。この方式では、一名のロー・クラークが上訴申立書を、ロー・クラークに担当させることに同意している判事たちに代わって検討する。担当者は、下級審判決の内容と上訴に関する賛否の主張を要約した概要書を作成して、提案も書き添える。この提案はただの提案であって、それ以上のものではない。選別をロー・クラークに担当させることに同意している判事たち（近年は一～二名を除いて全員）は、自身の四人のロー・クラークの一名に、判事の個人的見解からこの提案を検討させる。この方式は以上のようなものだが、批判されてきた。その批判は、この方式は重要な事件を見落とす可能性を高めるだけでなく、上訴不受理をあらかじめ想定するバイアスを悪化させる傾向があると主張する。上訴受理の提案をして判事たちに退けられる、あるいはさらに悪いことに手続に不備があるため遅まきながら却下せざるを得ないと認定するためにだけ上訴が受理されることで恥をかくのを担当のロー・クラークが恐れているというのである。この方式を擁護する人たちは、そうした懸念は大げさであって、本当に重要な問題は何度も連邦最高裁判所に到達するはずだから、いずれは判事たちに認識されるという。

連邦最高裁判所の上訴受理プロセスの質についていっそう鋭く批判――実際には観察――する研究者たちは、連邦最高裁判所が審理の対象に加える事件には、人々が重要だと考える問題を反映していないか、あるいは大きな問題の例外的な部分に関わるため一般的な事例を解決するのには何の役にも立たないという傾向があることを指摘する。例えば二〇〇七年に、連邦最高裁判所は一〇年ぶりに公立学校の生徒の言論の自由に関する事件という、全米の多くの地域で重要な関心事となっている問題に判決を下した。しかし連邦最高裁判所が選んだのは、違法薬物の使用を肯定する考えを示しているとも示してないとも読める、曖昧に表現された横断幕を掲げた生徒の処分をめぐるモーズ対フレデリック判決（Morse v. Frederick）という特異な事件だった。その最終的な判断は、政治や学校の方針、性的指向などに関する生徒の言論という、より一般的な問題に対処する教育委員会に何らの指針も与えないものだった。連邦最高裁判所を研究する高名な学者の一人であるサンフォード・レヴィンソンが指摘するように、連邦最高裁判所の判決は「訴訟の対象となる憲法」、すなわち自由な解釈を許し、弁護士や裁判官の素材となるような憲法条項だけを必然的に扱う。それと同時に、「固定された憲法」という、連邦議会上院における小規模州の過剰代表のようなとても重要な制度上の問題は、どの裁判所も扱うことができない。人々は「訴訟の対象となる憲法だけに焦点を当ててしまうことで、良くも悪くも裁判所と裁判官の重要性を過大評価する」ようになると、レヴィンソンは述べている。

徐々に耳にする機会が増えてきた別の批判は、判事たちは特定の目的をもって事件を選別している――言い換えれば、特定の意図を推し進めるためにその上訴受理権限を行使している――というものである。その印象的な事例が、団体交渉のために、そして交渉単位のすべての公務員（組合に加入していない者を含む）の利益を代弁する法的責任を果たすために労働組合が支出した経費の分担金を、非組合員の公務員は支払う必要がないとすることは、修正一条の言論および結社の自由に違反しないと連邦最高裁判所が五対四で判決した二〇一八年の事件である。このジャナス対ＡＦＳＣＭＥ判決（Janus v. American Federation of State, County, and Municipal Employees）で連邦最高裁判所は、労働組合加入に反対する公務員は加入しないことができるが、全員に利益をもたらす役務に充当される費用の分担金を支払う義務があるとする「代理手数料」制度に対する、修正一条に基づく異議申立てを退けた一九七七年の先例（アブード対デトロイト教育委員会判決（Abood v. Detroit Board of Education））を変更した。ジャナス判決では、連邦最高裁判所の多数派を新しい反労働組合の立場へ導く適切な事案を見出そうとする、アリート判事が主導した数年来の、そして数度にわたる取り組みが成就した。連邦最高裁判所が最初に審理した二〇一二年の事件や二〇一四年と二〇一六年の事件では、その目的を達成することはできなかった。ケイガン判事はその反対意見の中で、この判決に対する評価を珍しく率直に述べた。「今日、連邦最高裁判所はアブード判決を変更する六年来のキャンペーンに成功したのである」とはっきりと表明した。ミシシッピ州の事件を適切な事案にしてロー対ウェイド判決を変更した二〇二二年の連邦最高裁判所の判決は、まさに保守派の判事たちが長年その機会を待っているという合図を発してきた結果である。そして、二〇二〇年秋からの開廷期にバレット判事が就任して、必要な五票がようやく揃ったのである。

連邦最高裁判所の上訴不受理は、先例を定めることでも下級裁判所の判決を支持することでもない。これらの点は誤解されることが多い。多くの理由から、上訴申立ては「不受理」に終わるのである。そうした理由が防御的不受理の場合もあるが、多くは実際の「紛争」や法的争点の欠如（上訴申立ての多くが事実認定を再度争おうとする）、あるいは興味深い争点の事件だが手続上の問題から「適当ではない事案」と判事たちが判断したものである。時に、一人あるいはそれ以上の判事が不受理決定に「上訴不受理に関する声明」を添付することがある。この種の声明は、当該事件がなぜ受理するのに不適切だったのかを説明するもので、同じ争点の別の事件を連邦最高裁判所に提起する呼び水となることがある。

すべての上訴申立ては、判事たちが次の一歩を進めない限り不受理になるとみなされている。その最初の一歩は、申立てを「不受理リスト」と非公式に呼ばれるところから取り出し、毎週の判事会議で審議する「検討リスト」に移し替えることである。長官は検討リストを管理し、判事会議を取り仕切る。判事たちはこの会議で先任順に発言し、最後は投票する（その週に口頭弁論が行われた事件の審議と投票も、同じ手順で実施される）。この会議は通常金曜日（五月と六月は木曜日）に行われ、次の月曜日には上訴受理・不受理の事件の一覧である「決定表」が公開される。連邦最高裁判所は上訴の受理・不受理について説明しないのが通例である。しかし、不受理に反対する一人あるいはそれ以上の判事が、当該事件を受理すべき理由を述べる意見書を決定表に載せることもある。これらの意見書によって、通常はうかがい知ることのできない事件選別のプロセスを知ることができるのである。

連邦最高裁判所の開廷期は、毎年一〇月の第一月曜に開始することが法律で定められている。しかし判事たちの実際の執務は、その一週間前の九月の最終月曜に開催される、夏季休暇の数か月で山積みとなった上訴申立てを検討する会議から始まる。開廷期の終了日について、法律上の規定はない。判事たちは六月の最終週には執務を終えることを目指しており、ほとんどの場合でそうなっている。緊急の場合を除き、四月末以降に口頭弁論が開かれることはなく、その開廷期の七回の口頭弁論のうちまだ判決が下されていない事件について、判事たちは五月から六月にかけて判決を執筆する（この日程を維持するため、一月以降に受理した上訴の弁論は次の開廷期が始まる秋まで開かれない）。他の多くの裁判所が事件を次の開廷期に積み残して後れを取るのに対して、連邦最高裁判所は徹底して後れのない状態を維持している。開廷期の末期までに判事たちが判決を下さなかった事件は、次の期に口頭弁論をまったく初めから行わなければならない。この克己心を課すルールには、判事たちにその期の任務をすべて終わらせるために特に六月は励むよう促す効果がある。こうしたことから、ツギハギが散見される急ごしらえの判決を指す「六月の判決」という、容赦ない表現が生み出された。今日そうした悪口は、現状の年間六〇件以下と比べて年一四〇〜一五〇件も判決していた数十年前ほどは耳にすることはない。

しばしばその開廷期の最も重要な判決は六月になる割合が高いと予想されるので、判事たちは最も注目の高い事件を最後に残すよう何かしら調整しているのだと多くの人たちは思い込んでいるが、実際はまったく違う。連邦最高裁判所は一一月には実際に判決を下し始め、開廷期を通じて判決を出し続けている（連邦最高裁判所の研究者は、二〇二二年秋からの開廷期で年が明けるまで判決を下さなかったことに驚いている)。全員一致かそれに近い、意見の対立がほとんどない事件はおのずと早く判決されている。論点が錯綜している事件や、どういうわけか多くの同意意見や反対意見が付く事件では時間がいっそうかかるのであって、六月末に判決を下すのに必要な最終盤での妥協に判事たちを急き立てるのは、迫りくる七月四日の建国記念日の週末というプレッシャーだけなのかもしれない。

判決の言渡しは、その日の口頭弁論の直前に公開の法廷で行われる。多数意見を執筆した判事が短い概要を述べる。特に強い見解がある反対派の判事は、それに続いて反対意見の概要を述べることもある。判事たちが法壇から述べたことは正式な判決文の一部ではないが、判事たちが長文の判決文からいくつかピックアップして強調しているものであるから、傍聴した人たちには示唆的であることが多い。他の多くの裁判所とは異なり、連邦最高裁判所は判決言渡しの期日について事前に発表しない。判決文は、判決の言渡しの後数分以内に連邦最高裁判所のウェブサイト(www.supremecourt.gov)に掲載される。さらに、口頭弁論の速記録も日々掲載されている。

近年、インターネットの普及により、連邦最高裁判所と国民との距離は数年前とは比較にならないほど縮まっている。連邦最高裁判所のウェブサイトからは、提出される度に掲載される上訴申立書や受理事件で提出された趣意書を閲覧することができる。連邦最高裁判所がネットに掲載する係属事件一覧は、上訴申立ての受理・不受理を問わず、手続面での完全な履歴を提供する。かつては書記官事務所まで出向かなければならなかった、連邦最高裁判所の係属事件一覧とその経過についての情報は、いまや数回マウスをクリックすることで手に入れることができるのである。

連邦最高裁判所庁舎の一階には記者控室があり、報道用に上訴申立書と趣意書のコピーが用意されている。また、すべての口頭弁論では法廷に記者用の席が確保されている。テレビ局の記者も連邦最高裁判所付記者団の一員であるが、法廷の撮影はテレビにもその他のカメラにも許されていない。かつてデヴィッド・H・スーター判事は、自身の反対を押し切ってでもテレビカメラは法廷になだれ込んでくるだろうと断言したことがあった。そこまではっきりと反対を述べた判事は他にいないものの、テレビを擁護する判事は、その頃もそれ以降もいない。

第六章　連邦最高裁判所と他の政府機関

「権力分立」という表現は、連邦政府の三つの機関がそれぞれの領域で活動しているとのイメージを与える限りで、誤解を招くものである。より精確には活発な相互作用というイメージであり、連邦最高裁判所はそれに積極的に関わっている。大統領、連邦議会、そして連邦最高裁判所の関係が平穏に見えるときでも、その表面下では緊張が存在することが多く、それは機能不全というよりも諸々の出来事に対する組織上の限界や認識、対応の違いを反映するものである。時折発生するように三者の関係が悪化した場合、当初は権力の不均衡だったものが権力闘争になることがある。連邦最高裁判所のみならず司法機関全体は、政府機関の間の相互関係で重要な役割を果たしているのであり、自由に行使できる強力な手段をもっている。裁判所制度研究の第一人者であるスティーブン・B・バーバンクの言葉を借りるなら、連邦最高裁判所の課題、すなわちその「永遠のジレンマ」とは「政治の犠牲者になることなく、政治制度に参画すること」である。

バーバンクが指摘するように、政府機関の間の関係は政府の形式的な構造だけでなく、ルールと慣行からも規定されている。例えば、連邦議会は憲法上連邦裁判官を弾劾し罷免することができるが、弾劾は犯罪行為や倫理上の非行の場合に限定され、連邦議会の議員たちが反対する裁判所の判決を理由に行われることはないというのがルールである。連邦議会や大統領と判事たちとが対立するような判決は、他の政府機関と連邦最高裁判所との関係を分析するための手がかりになる。連邦最高裁判所自体が制度上の重要な登場人物の一人となって関わる重要判決には固有のドラマがある。勝者になる機関もあれば、敗者になる場合もある。しかし重要なのは、法廷の外で連邦最高裁判所は劇的とはいえない方法で他の政府機関と絶えず影響を及ぼし合っているのを認識することである。連邦最高裁判所は連邦議会に年次予算要求書を提出し、判事たちは交代でその財政上の必要を連邦議会の関連する小委員会で証言している。連邦議会は、判事と連邦裁判所のすべての裁判官の給与を決定する。長官に就任したジョン・ロバーツは、長年延期されてきた連邦裁判所裁判官の報酬引上げの必要性について大統領と連邦議会を説得することを優先事項にした。報酬の引上げは、その数年後に実現した。

司法長官は、連邦議会上院および下院の司法委員会の委員長と野党側の長老格の議員らとともに、年に二度連邦最高裁判所を訪れ、連邦最高裁判所長官と司法会議の出席者と面会する。こうした非公式な会合の課題には、係争中の法律や政策に関するより一般的な問題が含まれる。他方、連邦最高裁判所の判事たちは、連邦議会の合同会議において大統領が一月に行う一般教書演説に招待される。判事の全員ではないにしても、少なくとも数人出席するのがかつての通例だった。しかし二〇一〇年一月、オバマ大統領はこの機会を利用して、その一週間前に下された、修正一条を拡張して政治運動に資金を提供する権利を企業に認めた連邦最高裁判所の判決を批判した。判事たちにテレビカメラを向けた際、この二〇一〇年の判決（シチズンズ・ユナイテッド対連邦選挙委員会判決（Citizens United v.

図表 10：就任式の 6 日前の 2009 年 1 月 14 日、オバマ次期大統領とバイデン次期副大統領は、連邦最高裁判所の小会議室で判事たちを訪問した。左から、オバマ次期大統領、ロバーツ長官、スティーブンス判事、ギンズバーグ判事、バイデン次期副大統領、スーター判事、ケネディ判事、スカリア判事、ブライヤー判事。トーマス判事とアリート判事は欠席。

Federal Election Commission））に対する大統領の評価について、アリート判事が「それは違う」と口にする姿が映し出された。後にロバーツ長官は、判事たちは今後も出席すべきか疑問があるといい、問題の場面に「大いに困惑」し、国家行事というよりも「壮行会」のようだったと語った。二〇一一年の一般教書演説の日が迫ると、判事たちは出席するのだろうかといった憶測が広まった。アリート判事は、その日はハワイで過ごすことにしていた。しかしロバーツ長官と五人の判事は出席し、大統領は演壇に行く途中で彼らの横を通る際に判事たちに挨拶をした。一般教書演説に出席する判事の数は、この数年は半数に満たない。

この一般教書演説の件はメロドラマのような政府機関の間の緊張と言えそうだ

が、連邦議会が繰り返して、連邦裁判所から、特に連邦最高裁判所から特定の種類の事件の裁判権をはく奪しようとしていることには、より深刻な懸念がある。連邦議会の南部選出議員や保守系の議員たちはウォーレン長官の時代の判決に反応して、公立学校の人種隔離政策や州議会の選挙区割り、反共産主義の忠誠、安全保障問題といった事件の裁判権を連邦最高裁判所から取り上げる法案を提出したことがある。他に連邦議会の怒りを買い裁判権はく奪法案の対象となったものには、公立学校での祈祷と忠誠宣誓の唱和の事件や十戒を公共の場に掲示することをめぐる事件がある。近年では、刑事判決の量刑が連邦議会と連邦裁判所の対立の原因となっている。連邦議会の共和党長老格の議員たちは、不当に寛大な量刑を言い渡す連邦裁判官を批判している。二〇〇三年に連邦議会は、その量刑ガイドラインが定める範囲を下回る量刑を言い渡した判決について報告書を提出するよう連邦裁判所に義務づける法律を制定した。レーンキスト長官は、フィーニー改正法として知られるこの法律を「個々の裁判官の職務遂行を脅かす、不当で思慮に欠けるものだ」と批判した。

連邦最高裁判所の司法審査権の行使は、政府機関の間の緊張が絶えず存在する原因となっている。裁判所からの裁判権はく奪は連邦最高裁判所の憲法判断に対するものだが、連邦議会は連邦最高裁判所の連邦法に関する判決には日頃からいっそう効果的に対抗している。一九九〇年初頭、連邦議会は、数年前に連邦最高裁判所が一連の市民的権利法の判決で右傾化したことに強く反応した。一九九〇年と一九九一年に制定された法律は、連邦の市民的権利に関する法律の適用範囲を狭めた一〇件以上の連邦最高裁判所の判決の効力を否定するものだった。

二〇〇九年一月オバマ大統領が就任後最初に署名した法律は、雇用差別に関する二〇〇七年の連邦最高裁判所の判決の効力を否定するために制定された、リリー・レッドベター公正賃金法だった。リリー・レッドベターの件は、連邦最高裁判所の判決がある問題を法的な面だけでなく政治的な面でも全国的な課題に発展させることがあるということを示す好例である。リリー・レッドベターはタイヤ製造工場の唯一の女性管理職だった。彼女は退職後に、長年にわたり自分がどの男性従業員よりも賃金が低かったことを知った。レッドベターは一九六四年市民的権利法第七編に基づき提訴した。この規定は、職場での人種および性別を理由とする差別を禁止している。この法は、「差別的行為」があった日から一八〇日以内の提訴を定めている。雇用主のレッドベターに対する差別は数年前から行われていたが、彼女の弁護士は、この法律の執行を担当する連邦機関の提訴期限一八〇日に関する解釈に基づけば、レッドベターには訴訟を起こす資格があると主張した。当局の「給与発生主義」ルールによれば、雇用主が差別的な対応を反映した給与を支給するたびに、提訴期間の起点が更新されることになる。連邦控訴裁判所のほとんどがこの解釈を支持していたが、レッドベターの事件を審理したアトランタ所在の第一一巡回区連邦控訴裁判所はこの解釈を採用せず、三百万ドルの陪審評決を覆して却下判決を下した。

二〇〇七年のレッドベター対グッドイヤー・タイヤ&ラバー社判決（Ledbetter v. Goodyear Tire & Rubber Co.）で、連邦最高裁判所は五対四で連邦控訴裁判所の判決を支持した。多数意見は、解雇や昇格拒否、採用拒否など職場での差別事件で市民的権利法の一八〇日規定を適用した連邦最高裁判所の先例に準拠した。不公平な賃金という「わずかな違いしかない状況」では同じ規定が適用されるべきだと、多数意見を執筆したアリート判事は述べた。ギンズバーグ判事は、反対派を代表して、状況は実際には決定的に違うと主張した。解雇や昇格、採用の拒否は周知の行為であって容易に確認できるが、民間企業の従業員のほとんどは同僚の給与額を知る術がないとギンズバーグはいう。そして、レッドベターは他の従業員とともに定期的に昇給してきたため、仕事を辞める時まで自分の給与が男性の同僚よりも四〇パーセントも低いことを疑う理由はなかったと指摘した。

ギンズバーグ判事は、反対意見を法壇から発表するという異例の行動をとった。彼女の行為はこの判決の知名度を上げ、かなりあいまいな労働法の規定に関する専門的な事件と考えられたかもしれない判決を、市民的権利と連邦最高裁判所の将来をめぐるイデオロギー色に満ちた戦いの最前線へ移し替えたのである。ジョージ・W・ブッシュ大統領が任命したアリート判事は、当時はまだ新任で就任から一年半も経過していなかった。彼の前任者のサンドラ・デイ・オコナー判事はおそらくアリートとは逆の側に立ったから、判決は違ったものになっていただろう。民主党は直ちに連邦議会で市民的権利法第七編を改正して、この判決の効力を否定しようと動き出した。共和党は二〇〇八年春に、上院でこの法改正の成立を阻止した。まさにたまたまヒロインとなったレッドベターは、ロバーツ長官が率いる連邦最高裁判所がいっそう保守的になったことと二〇〇八年の選挙で共和党が勝利する見込みであることから進歩派が脅威を感じていたすべてに対抗する、強力なシンボルとなった。二〇〇八年夏の民主党全国大会でレッドベターは演説して、連邦議会で新たな取り組みを行うという公約を勝ち取った。この機運を背景に、改正案は連邦議会を通過して、新しい大統領の執務机に置かれることになったのである。

レッドベター判決の騒動の余韻が残る次の開廷期に、連邦最高裁判所は、雇用差別の問題が急に注目されたことに伴い、職場での差別を訴える労働者にあらためて配慮しているようだった。いくつかの事件で、多数派は従業員に有利な判決を下した。

レッドベターの一件はあっという間に過去のものとなった。連邦議会の意図と連邦法が意味することについての対立が同じように今後も発生しては消えていくだろうということは、はっきりと予測できる。だが、連邦議会の立法権の範囲に関して、連邦最高裁判所と連邦議会との間には、アメリカの歴史に深く根ざした起源のある、かなり深刻な憲法に起因する対立がある。この対立は、定期的に発生して沈静化するものの、明確な終わりがあるものではない。おそらく憲法構造に固有の対立なのだろう。

現代の政治部門と連邦最高裁判所の間の根深い対立を説明する出来事が、六〇年を隔てた二つの時期に発生した。その一つは、ニューディール政策をめぐる対立である。フランクリン・D・ルーズベルト大統領の一期目に、保守派が多数だった連邦最高裁判所は新政権の経済復興計画の主要な部分を無効と判決した。全国産業復興法や農業調整法など一二の連邦法の制定は、連邦議会の州際通商を規制する権限や一般の福祉を提供する権限を越えるものだと連邦最高裁判所は判決した。「連邦最高裁判所から憲法を守るために立ち上がる」時が来たと、ルーズベルトは宣言した。

再選の翌年の一九三七年初頭、ルーズベルトは「連邦最高裁判所抱き込み計画」として広く知られている司法制度改革法案を提案した。その法案では大統領は引退していない七〇歳以上の判事一名につき新しい判事を一人任命できることになっており、当時の現職判事の年齢を踏まえるなら、六人の新しい判事を任命することができた。この法案は一大論争を巻き起こしたが、上院司法委員会が否決したことで廃案となった。しかし連邦最高裁判所が急に社会保障法や労働者を大幅に保護する全国労働関係法などニューディール政策の中核的な法律を容認するようになったので、ルーズベルトが勝利したとみなされている。その後のおよそ六〇年はアメリカ社会で連邦政府の存在感が飛躍的に拡大するのを実感する期間だったが、その間連邦最高裁判所は連邦法を州際通商規制の権限の踰越を理由に無効にすることはなかった。

この対立が再び勃発した一九九五年に連邦最高裁判所が標的にしたのは、学校の近くで銃の所持を禁止する、明確性に欠ける連邦法だった。すべての州が類似の法律を制定していたので、この学校隣接区域銃規制法の命運はあまり重要ではなかった。しかし、この連邦法を無効にした合衆国対ロペス判決（United States v. Lopez）は、レーンキスト長官が率いる連邦最高裁判所の連邦主義的変革の先駆けとなった。多数意見を執筆したレーンキスト長官は、この法律を容認することは「本当に全国的な事項と、まったく地方の事項との区別」を曖昧にするだろうと述べた。このような分析は、全国的な事柄と地方の事柄との区別が特定の法律では重要になるのかという判断を連邦議会自体が決定することを連邦最高裁判所が認めてきた、長い時代の終わりを意味した。判決は五対四であり、反対派はこの判決が意味することを直ちに指摘した。「今日連邦最高裁判所が踏み出した一歩は六〇年前に自ら呪縛を解いた正当化不能な判例法理に逆戻りする以外の何物でもないのではないかと問うのは、もっともなことと思われる」とスーター判事は警告した。

その後立て続けに下された一連の僅差で分かれた判決は、州際通商条項だけでなく修正一四条にも基づいて連邦議会の権限を制限した。修正一四条五節は、連邦議会に「適切な立法により、この修正条項の規定（すなわち同条一節が規定するデュープロセスと平等保護の保障）を執行する権限」を与えている。一九九〇年代の連邦主義的変革が進むにつれて表面化した問題は、「執行する」の意味と、第五節が認める連邦議会の権限の範囲である。連邦議会の権限は、連邦最高裁判所が採用してきたデュープロセスと平等保護の解釈に基づく執行に限定されるのか？　あるいは、連邦議会には独自の憲法解釈に基づいて立法する実質的な権限があるのか？

この問題には、宗教活動の自由にかかる対立も付け加わることになった。この対立は、初めは判事の間に発生し、次第に連邦最高裁判所と連邦議会の争いの原因となった。一九九〇年の判決で連邦最高裁判所は、信仰には一般に適用可能な法律からの免除が必要だと主張する個人を保護しなかった。このオレゴン州人材開発省雇用局対スミス判決（Employment Division, Department of Human Resources of Oregon v. Smith）で連邦最高裁判所は、宗教儀式で幻覚薬物のペヨーテを吸引したネイティブ・アメリカン教会の二人の信者には、職場の薬物禁止規則に違反して解雇された後に失業手当を受給する憲法の権利はないと判決した。

リベラル系から保守派までの幅広い宗教団体が、この判決は修正一条の信教の自由条項を弱体化させると理解して強く批判した。連邦議会はすぐに反応して、信教の自由回復法（RFRA）という挑発的なタイトルの法律を制定した。この新法は、一見宗教に中立的に見える法律も政府が「やむを得ない公益」に資することを立証しない限り、宗教活動に負担を与えるような方法で適用されてはならないと規定する。テキサス州バーニー市のカトリック教区がRFRAに基づき、より大きな教会を新築するために歴史的建造物保存規定で保護されている古い教会を取り壊そうとした。教会は、保存規定からの免除をＲＦＲＡが認めていると主張した。これに対して市側は、ＲＦＲＡが違憲だと反論した。修正一四条五節の執行権限は憲法上の権利の侵害を救済する法律の制定を連邦議会に与えているが、連邦最高裁判所が認めた権利の範囲をさらに拡大する法律の制定は認めていないと市は主張した。

連邦最高裁判所は六対三で下した一九九七年のバーニー市対フローレス判決（City of Boerne v. Flores）で市の主張を認めた。連邦最高裁判所は、連邦議会の執行権限は「救済的かつ予防的な」ものにすぎないと述べ、「連邦議会は修正一四条の下で実体的で非救済的な権限をもつという主張」を退けた。ケネディ判事執筆の多数意見は、型通りの権力分立主義を強調するものだった。ケネディ判事はマーバリー対マディソン判決のマーシャル長官のよく知られた一節を引用して、「連邦最高裁判所が憲法を解釈する場合、法は何であるかを述べる責務のある司法機関の権限の範囲内でそれを行っているのである」と述べた。そして「修正一四条の執行条項に基づく連邦議会の権限が広範であっても、ＲＦＲＡは権力分立と連邦権限の均衡を維持するのに必要な、非常に重要な原則と矛盾する」という結論を示した。この判決により、ＲＦＲＡは連邦政府に対してのみ効力があることになった。その後二〇以上の州で、州法に基づき信教の自由の事件を州裁判所に提起することを州民に認める独自のＲＦＲＡが制定された。

レーンキスト長官の時代の連邦最高裁判所の多数派は、修正一四条五節や州際通商条項の同様の解釈で他の法律も無効にしたが、性差別的暴力の女性被害者が加害者を連邦裁判所で訴えることを認める、女性に対する暴力防止法もその一つである（二〇〇〇年の合衆国対モリソン判決（United States v. Morrison)）。連邦最高裁判所はまた、年齢や障がいを理由とする雇用差別を禁止する連邦法に州は雇用主として拘束されないと判決している（二〇〇〇年のキメル対フロリダ州立大学理事会判決（Kimel v. Florida Board of Regents）および二〇〇一年のアラバマ大学理事会対ガーレット判決（Board of Regents of the University of Alabama v. Garrett)）。

その後の二〇〇三年、連邦最高裁判所はレーンキスト長官自身の主導の下で予想外の方針転換をして、育児介護休業法に対する同様の違憲の訴えを退けた。この法律は、民間の雇用主と雇用主たる州に家族の緊急事態に対応するための休暇を従業員に与えることを義務づけていた。この法律を遵守しない州は訴訟から免除されないと、多数意見の執筆したレーンキスト長官は述べた。このネバダ州人材開発省対ヒッブス判決（Nevada Department of Human Resources v. Hibbs）で、連邦主義的変革は自然消滅したように見える。しかし、連邦最高裁判所と連邦議会の対立が一見停止したようでも、それは一時的なものであることは歴史が伝えるところである。

実際に両者の対立は、二〇一二年の患者保護並びに医療費負担適正化法（「オバマケア法」）の合憲性に関する訴訟で再開された。医療保険の加入を個人に義務づけるのは合憲とする連邦最高裁判所の判断は、この独立企業全国連合対セベリウス判決（National Federation of Independent Business v. Sebelius）で争われた問題の一部を解決するだけだった。連邦最高裁判所はさらに、連邦議会には低所得者向けのメディケイド・プログラムにより連邦の医療費補助の対象となる人たちの範囲を拡大するよう州に要請する権限があるのかについても、判断しなければならなかった。メディケイドは連邦と州が共同で費用を負担するプログラムであり、連邦政府は、連邦の補助金を受給するために州のメディケイド・プログラムが遵守しなければならない規則を制定する。オバマケア法は、医療費補助の対象者の範囲拡大にかかる経費を連邦政府が州に償還する一方で、範囲拡大を受入れるか、あるいはメディケイド・プログラム全体の連邦負担分を失うかの選択を州に求めると規定していた。連邦最高裁判所は、この取引交渉は誘導と強制の間の一線を越えるものであって、このような条件でメディケイドの拡大を要請する権限は連邦議会にはないと判決した。その結果、メディケイドの拡大は州の任意となり、この問題は高度に政治的なものとなった。大半の州はメディケイドの拡大とそれに伴う連邦資金を受給したが、共和党が知事と議会多数派を獲得している一〇以上の州ではこの取引を受入れず、数百万の州民がメディケイド・プログラムの対象から外れている。

近年の連邦最高裁判所と大統領の対立は新たに生じたものであると同時に、根が深いものだ。連邦最高裁判所がネイティブ・アメリカンのチェロキー族に有利な判決を下したことに対してアンドリュー・ジャクソンが口にした、よく引用される一節――「ジョン・マーシャルがこの判決を下したのだから、彼にこれを実行させよう」――は、実際はおそらく作り話だろう。しかし、この一節が人々の心に残っているのは、歴代の大統領たちが連邦最高裁判所に言いたかったことをうまく言い表していると思えるからだ。思い浮かぶ大統領には、ウォーターゲート事件で自分に不利な録音テープの提出を命じられたリチャード・ニクソン（一九七四年の合衆国対ニクソン判決（United States v. Nixon））や、性的嫌がらせを主張する女性が起こした民事訴訟からの免責を否定されたビル・クリントン（一九九七年のクリントン対ジョーンズ判決（Clinton v. Jones））がいる。トランプ大統領は、二〇二〇年の国勢調査に国籍調査を追加しようとした政権の計画を連邦最高裁判所が無効にしたこと（二〇一九年の商務省対ニューヨーク州判決（Department of Commerce v. New York））に、怒りをあらわにした。

一九五二年にトルーマン大統領が戦時中の労働争議に介入したことに対する連邦最高裁判所の判断は、半世紀以上経過した今でも、大統領の緊急権限を否定する連邦最高裁判所の権力の象徴となっている。実際には、象徴以上のものである。連邦最高裁判所は、鉄鋼業接収判決（Steel Seizure case）として一般には知られる、このヤングスタウン・シート&チューブ社対ソーヤー判決（Youngstown Sheet & Tube Co. v. Sawyer）を、半世紀後にグアンタナモ湾米軍基地での拘禁政策に関する大統領の一方的な権限の主張を退けるに際して引用したのである。

朝鮮戦争の最中に国内の兵器製造能力を停止させかねない鉄鋼業界の労働者のストライキを事前に阻止するため、トルーマンの命令により、連邦政府は国内の製鉄所を統制下においた。鉄鋼業界は、この措置に対して連邦地方裁判所に提訴した。この事件は非常に切迫した中で進められ、訴訟の提起から連邦最高裁判所の判決まで二か月足らずで進行した。当時の判事は全員ルーズベルトとトルーマンが任命した者だったが、六対三で大統領敗訴の判決を下した。ヒューゴ・L・ブラック判事執筆の多数意見は、明確な法律上の権限がなくとも当該権限は憲法二条に内在するという大統領の主張を退けた。ロバート・H・ジャクソン判事は多数意見に同調し、さらに個別の同意意見を述べた。このジャクソンの意見が、大統領権限の限界を画定するものとして、非常に多く引用されているのである。

ジャクソン判事は、大統領が権限を行使できる領域を三つに分けた。これについてジャクソンは、「大統領がその権限に疑問を抱く可能性や、第三者がそれに異議を唱える可能性がある実際の状況の、やや単純化しすぎた区分」だと説明していた。第一に、「大統領が連邦議会の明示的あるいは黙示の授権に応じて権限を行使した場合、大統領が保持するあらゆる権限と連邦議会が授権できる権限のすべてが含まれるから、大統領の権限は最大となる」。第二は、ジャクソンが「黄昏の領域」と定義した、「連邦議会による権限の付与も否定もない状態で大統領が権限を行使する場合である」。その場合、大統領は「ただその独自の権限に基づくことができる」のであり、そのような権限行使が合法かどうかは「抽象的な法理論ではなく事態の切迫性とその時点での予測不能性に左右される可能性が高い」。最後に、「大統領が連邦議会の明示的もしくは黙示の意思と相容れない措置を講じた場合、その権限は最も弱いものになる」。ジャクソンは、連邦議会が大統領の権限行使とは合致しない三つの法律を制定していたと認定して、製鉄所の接収を第三のカテゴリーに位置づけた。ジャクソンは結論として、「本件の行政行為は大統領の個人的意向に端を発するものであり、法の授権のない権限行使に相当するものである」と述べた。

トルーマン大統領と同じくジョージ・W・ブッシュ大統領も、グアンタナモ湾の米海軍基地に敵性戦闘員として拘禁されている者たちの戦争犯罪を裁く軍事審問委員会を設立する権限を憲法二条に基づいて主張した。鉄鋼業接収判決と同様に、五名の判事は二〇〇六年のハムダン対ラムズフェルド判決（**Hamdan v. Rumsfeld**）において、大統領の固有権限という主張では不十分だと判決した。多数意見を執筆したスティーブンス判事は、脚注で鉄鋼業接収判決に触れた。多数派の三名の判事が同調したケネディ判事の同意意見は、鉄鋼業接収判決でジャクソンが示した枠組みに明らかに準拠していた。ケネディ判事は、ブッシュ大統領が企図する軍事審問委員会をジャクソンの第二カテゴリー（連邦議会の沈黙状態）ではなく第三カテゴリーに該当すると認定し、連邦法の明確な規定と相容れない大統領の権限行使であるとした。

ハムダン判決は、連邦最高裁判所がブッシュ政権の拘禁政策を扱った最初の事件でもなければ、最後の事件でもなかった。その二年前の二〇〇四年のラスール対ブッシュ判決（Rasul v. Bush）で、連邦最高裁判所は被拘禁者を連邦裁判官の裁判権の対象から外そうとしたブッシュ政権の取り組みを否定した。連邦最高裁判所は、キューバにある軍事基地は機能的に合衆国の一部であり、したがって法解釈の問題として、人身保護法の下、数百の被拘禁者が期間の定めなき拘禁の根拠を争う事件を審理する権限が連邦裁判所にはあると判決した。やがて連邦議会といら立ちを募らせた大統領は協力し、連邦議会はグアンタナモにいる被拘禁者が提起した人身保護令状の請求を審理する権限を連邦裁判所から取り上げた。二〇〇八年に五対四で下されたブーメディエン対ブッシュ判決（Boumediene v. Bush）で、判事たちはこの連邦裁判所からの権限はく奪を憲法違反と宣言した。

連邦最高裁判所と政府部門の間でボールがすばやく行き来するような、この激しい作用・反作用のサイクルは、その後中断する。連邦最高裁判所は、ブーメディエン判決により可能となった人身保護令状の請求を連邦下級裁判所に任せることで十分と考えて、以後グアンタナモから提起される事件を受理しなかった。新しい大統領が就任すると、連邦最高裁判所の係属事件は外交政策ではなく国内の問題の事件で充満するようになり、対立が再開された。二〇一四年に連邦最高裁判所は信教の自由回復法を用いて、オバマケア法の下で従業員用医療保険プランに加入している女性が避妊関連サービスを無償で受けるのを保証するオバマ政権の取り組みを制限した。全国チェーンの手芸材料店の経営者が信仰上避妊に反対なので自社の従業員用医療保険プランに避妊関連サービスを含める必要はないと主張し、連邦最高裁判所はその主張を認めた（バーウェル対ホビー・ロビー・ストア社判決（Burwell v.

Hobby Lobby Stores, Inc.)）。

イスラム教徒が非常に多い国の国民が合衆国へ入国するのを制限するトランプ政権の決定によって、連邦最高裁判所の焦点は外交問題に戻った。今回は大統領が勝利した。連邦最高裁判所は二〇一八年のトランプ対ハワイ州判決（Trump v. Hawaii）で、移民国籍法は大統領に広範な権限を付与していると述べ、渡航禁止令は「この領域で伝統的に大統領に認められている敬譲の」範囲内にあると判決した。この五対四の判決や別の判決が、長年の連邦最高裁判所と大統領の対立の終わりを意味すると考える者はいない。

「敬譲」という言葉は、政府機関の間の問題ではキーワードである。連邦議会が与えた任務を遂行する際の行政当局の選択に対して連邦最高裁判所が伝統的に払ってきた敬譲は、近年急激に縮小している。連邦最高裁判所の保守系多数派の判事たちは、政権の政策や優先項目を実施しようとする省庁や委員会の緊密なネットワークである「行政国家」について、軽蔑をにじませて語っている。この行政当局の権限に対する新たな疑念は、コロナ関連事件の激増という新たなうねりを経験した二〇二二年初頭にはあからさまになった。労働省で労働者の安全確保を担当する部局は、従業員百人以上の事業所すべてに対して、ワクチン接種あるいはマスクの着用と検診を義務づける緊急命令を発令した。連邦最高裁判所は、六対三の無記名の独立企業全国連合対労働省労働安全衛生局判決（National Federation of Independent Business v. Department of Labor, Occupational Safety and Health Administration）でこの命令を停止した。ゴーサッチ判事の同意意見は、自ら「重要問題の法理」と呼ぶ、行政当局の裁量を抑制する新しい法理論を提示した。トーマス判事とアリート判事の同調を得たゴーサッチ判事は、連邦議会がそのような権限を明確に付与していないので、当局はこのような命令を発する権限がなかったと述べた。ブライヤー判事、ソトマイヨール判事、ケイガン判事の反対意見は、職務上の危険から労働者を保護するという「当局の任務の中核」に位置する行為を阻止する権限を欠いているのは連邦最高裁判所だと主張した。政府の機関の間の対立に、新たな一ページが付け加わったのである。

第七章　連邦最高裁判所と国民

ベンジャミン・N・カードーゾはかつて、裁判官は「極北の頂に超然と立っているのではない」と述べ、「他の人たちを巻き込む社会の大きな潮流が、裁判官たちを避けて流れの向きを変えることはない」と言ったことがある。カードーゾが一九二一年に「司法過程の本質」についての一連の講演の結論でこの言葉を述べたとき、彼はまだ州裁判所の裁判官であり、連邦最高裁判所の判事ではなかった。彼の言葉は、長い年月を経た今、真実味を増しているが、一方で謎を投げかけるものでもある。裁判官、中でも連邦最高裁判所の判事が実社会で生きていることを踏まえるなら、彼らの認識はどのようにその判断を作り出しているのだろうか？　より具体的には、連邦最高裁判所と国民の関係はどのようなものだろうか？

判事たち自身も、この問題に何かしら発言してきた。オコナー判事は「公平な司法の特質としての国民の信頼」という講演の中で、「私たちは皆、裁判所の判決に力を与えるものとして国民の信頼に依拠している」と述べた。そして、次のように説明した。「私たちは判決を執行するための常備軍をもっていないし、その判決の正しさに対する国民の信頼を拠り所にしている。だからこそ、私たちは世論と司法制度に対する国民の認識を承知していなければならず、国民の信頼を築き維持するよう努めなければならないのである」と。

レーンキスト長官は、もし裁判官が世論の一般的な動向に影響されないのなら、それは「実に驚くべきこと」だろうと述べた。彼は、「裁判官が比較的正常な人間である限り、別の仕事に就いている人たちと同じように、長い目で見れば世論の影響から逃れることはできない」と、「憲法と世論」という講演の中で述べ、さらに次のように付け加えた。「もし新任の裁判官が世論のすべてを完全に遮断すると決心していたのなら、ほとんど何も成し遂げられないだろう。彼は現在の世論の影響を受けないとしても、裁判官就任時の世論の情勢から影響されるだろう」と。

裁判官が世論を意識することは避けられないだけでなく望ましく必要でさえあることについては、判決を下す手法が異なっているこの二人の判事も、説明の仕方がいくぶん違うものの、同意している。そしてこの二名の判事は、自らの考えを実践に移していた。レーンキスト長官は長年にわたって、連邦最高裁判所のミランダ対アリゾナ州判決（Miranda v. Arizona）を厳しく批判していた。この一九六六年の判決は、拘束下にある被疑者を尋問する前に、黙秘権と弁護士依頼権に関する、今ではお馴染みの告知を伝えるよう警察に義務づける。しかし連邦最高裁判所が二〇〇〇年にミランダ判決を変更する機会を得たとき、レーンキスト長官は逆の結論になるよう主導した。彼が執筆したディッカーソン対合衆国判決（Dickerson v. United States）の多数意見は、ミランダ判決を法廷で変更する代わりに、それを立法で変更しようとする連邦議会の試みを憲法違反と判決した。「この告知が我が国の文化の一部になるほど、ミランダ判決は日常的な警察実務に組み込まれるようになった」と、レーンキストは記している。

出願者の人種を考慮に入れる選考方針によって入学者の人種的多様性を向上させようとする、ミシガン大学ロー・スクールの取り組みに異議を唱える事件が受理された時点で、オコナー判事は二〇年以上も連邦最高裁判所でアファーマティブ・アクションを批判していた。しかしオコナー判事はロー・スクールの方針を容認する側に立ち、この二〇〇三年のグラッター対ボリンジャー判決（Grutter v. Bollinger）の多数意見を執筆した。彼女は、ロー・スクールを支持する教育界のリーダーや企業経営者、軍将校らが提出した趣意書を引用した。「市民の目から見てまっとうなリーダーを養成するためには、指導者になる道がすべての人種・民族の有能で適格な個人にはっきりと開かれていることが必要である」という記述は、オコナー判事がロー・スクール側の主張の核心を要約した部分である。彼女がこの主張に納得しただけでなく、これがエリート層の幅広い見解を代表する人たちが提起したものであるという事実にも理解を示していたのは明らかだった。

この二人の判事のいずれもが、頻繁に表明していた自身の原則を具体的で目に見える形で検証するような事件に直面した時に、突然真実を悟ったのだと考える必要はない。むしろ、両人がそれぞれその事件を抽象的な法的命題としてではなく、法的、社会的、政治的な具体的状況の中で提起された紛争と考えたことが肝要なのである。両判決の多数意見が判決は世論の大海原を航海するようなものだと考えていたことを評価するとしても、判決の結論に同意する必要はなく、実際レーンキストはミシガン大学判決では反対意見を述べて、ロー・スクールの入学選考方針を「人種的均衡を達成するための露骨な試み」だと非難した。

研究者たちは、連邦最高裁判所と世論の関係をつかみどころのないものと考えている。裁判所や裁判官の行動様式に関する実証研究の主導的な研究者であるリー・エプスタインとアンドリュー・D・マーティンの二人は、「世論は連邦最高裁判所に影響を及ぼしているか？　おそらくそうだろう（しかし、なぜかは分からない）」という題名の論文を執筆した。この論文はこの問題に関する政治学の文献を調査したもので、その多くが決定打に欠け矛盾をはらむことを示した。連邦最高裁判所と世論の間にはせいぜい関連はあるようだが、「関連が因果関係へと転化する」、すなわち世論が実際に連邦最高裁判所に影響を与えていることを証明する十分な証拠はないと彼らは結論づけた。

しかし、いずれにせよ世論は一方向に進むものではない。少なくとも世論が連邦最高裁判所に影響を及ぼすことがあるにしても、連邦最高裁判所も世論に影響を与えることがある。アメリカ史の初期にさかのぼる古典的なイメージの一つに判事たちを教師に見立てるものがある。馬に乗って裁判所を巡回し大陪審への説示の中で法を解説するといった「市民の教師」としての役割を果たした、初期の判事たちの任務を記録した有名な論文の一節には「共和制の校長としての連邦最高裁判所」と記されている。その論文の著者は、「判事たちが国民を教育しているかどうかは問題ではないし、問題にならないのは、民主制にあっては教えることと裁くこととは区別できないからだ」と結論で述べた。

リリー・レッドベターの件（二〇〇七年のレッドベター対グッドイヤー・タイヤ&ラバー社判決（Ledbetter v. Goodyear Tire & Rubber Co., Inc.））のように、連邦最高裁判所の判決は国民的な議論の契機となることがある。時には、事件に対する判決や口頭弁論のはるかに前の、裁量上訴の受理がその役割を果たすこともある。一九九〇年代中盤に連邦最高裁判所が憲法は医師のほう助による自殺の権利を保障するのかについて検討する意向を示したので、この問題は草陰から引き出され、国民の注目を集めるものとなった。連邦最高裁判所が一九九七年のワシントン州対グラックスバーグ判決（**Washington v. Glucksberg**）でこの憲法問題に否定的な答えを出した後も、国民の間の対話や議論は続き、その後の世論調査では終末期の患者の自分の命を閉じる際に医師の助けを受ける権利を支持する人が着実に増えている。この問題の世論についての研究の一つは、結論で「他の問題と同様にこの問題でも、連邦最高裁判所の判決は、さもなければ極めて抽象的な哲学的かつ法的な論争を身近なものにするのである」と述べた。

民選ではなく終身任期の裁判官が国民の選挙した代表の制定した法律の合憲性について最終決定権をもつのは本質的に民主的ではない——反多数主義的だ——という批判に対して、連邦最高裁判所の司法審査権の行使を擁護する人たちは反論しなければならないときがある。この批判の威力は、連邦最高裁判所が世論と一致しないように見える程度に応じて、強くなりまた弱くなる。この不一致が定期的に発生する理由を理解するのは難しいことではない。国民の雰囲気の変化によって有権者の多数派が入れ替わることは、在任期間が数十年に及ぶ連邦最高裁判所の変化よりもはるかに早く起こる。フランクリン・D・ルーズベルト大統領が任命した九名の判事のうち、最初に任命されたヒューゴ・L・ブラックは、ルーズベルト政権よりも長く在任しただけでなく、トルーマン大統領、アイゼンハワー大統領、ケネディ大統領、ジョンソン大統領の任期を越えてリチャード・ニクソン大統領の一期目の半ばで引退するまで、連邦最高裁判所にとどまった。一九九四年半ばから二〇〇五年中盤までは、もめにもめた二〇〇〇年の選挙が象徴するような政治的にかなり混乱した時期だったが、連邦最高裁判所では判事の空席がまったく生じなかった。ルーズベルト大統領の連邦最高裁判所抱き込み計画を招いた判事たちの行動は左派から批判され、ウォーレン長官の時代の連邦最高裁判所は右派から批判された。そしてロバーツ長官が率いる連邦最高裁判所は、いくぶん控えめではあるが、再び左派から批判されているのである。

だが連邦最高裁判所と国民は、長期にわたって一定の均衡を保っているように見える。世論調査では、連邦最高裁判所に対する「つかみどころのない」支持——つまりその特定の判決ではなく、当該機関に対する全般的な支持——が他の政府機関よりも高いことが常に示されている。もちろんこの事実だけが特に明らかにされたわけではない。世論調査はまた、公民教育の現状が貧弱で、国民一般は連邦最高裁判所について何も知らないことも再三示している。例えば二〇〇五年調査では、連邦最高裁判所は連邦議会の法律を憲法違反と宣言できることを承知していたのは回答者の五五パーセントだけだった（政府の三つの機関の名称を言えた回答者は三分の一だけだった）。それゆえ、連邦最高裁判所に対する国民の信頼の表明というのは、実際の知識に基づくものではなく、根拠のない信念を反映したものかもしれない。国民は政府機関のどれかを信頼したいのであり、政治機関についてはどこが嫌いなのかを特定することができる傾向が強いのである。あるいは、連邦最高裁判所に対する国民の支持の表明は、政治学者が「正当化仮説」と呼ぶもの、すなわち連邦最高裁判所がひとたびある問題について判決を下したなら、国民のかなりの割合が「判事たちがそう考えたなら正しいに違いない」と判断するようになるという理論を反映したものなのかもしれない。

もしくは、本章の冒頭で引き合いに出した、判事たちが世論を認識していることを反映して、連邦最高裁判所は世論の主流から大きく外れるような判決を避けつつ、長期にわたって世論との調和に努めているのかもしれない。これは驚くことではないだろう。政治学者のロバート・A・ダールは五〇年以上も前に、連邦最高裁判所は「政治的リーダーシップの不可欠な一部であり」「支配的な政治同盟」の重要部分であると述べた。したがって、「連邦最高裁判所で支配的な政策的見解が、合衆国で法を制定する多数派の支配的な見解と長期にわたり一致しないことはない」のは理解できることだと、ダールは述べている。

しかし、こうした長らく受け容れられてきた前向きな評価は、妊娠中絶に対する憲法上の権利性を否定した連邦最高裁判所の判決がもたらした、深刻な不安を与える影響を考えるなら、もう時代遅れになっているかもしれない。ショッキングなのは、ドブス判決の草稿が、ほとんど同じ内容の正式な判決が下される約二か月前に、何者かによってリークされたことだ。この間の世論調査では、国民は二対一の差でロー対ウェイド判決の変更に反対していることが示された。判決前夜のギャラップ社の調査では、連邦最高裁判所に対する信頼は二五パーセントに急落し、同社によればこれは「歴史的に低い」。連邦最高裁判所の多数派がその目標と国民の意向との相違をよく認識していたことを示す一節の中で、アリート判事は「将来起こることを予見できたとしても、我々にはそれを判決に反映させる権限はない」と多数意見で述べた。

こうした姿勢は、連邦最高裁判所が三〇年前に示したものとは大きく異なる。その時は一九九二年の大統領選挙の直前であり、連邦最高裁判所は妊娠中絶の権利を保持するか否定するかの問題に直面していた。ほとんどすべての人が驚いたのは、五対四の僅差で下された南東ペンシルバニア家族計画協会対ケイシー判決（Planned Parenthood of Southeastern Pennsylvania v. Casey）が、ロー対ウェイド判決の「中核的判示」と呼ばれる部分をあらためて支持したことだ。オコナー判事、ケネディ判事、スーター判事――いずれも一九八〇年以降の共和党政権が任命した判事――という、いつもとは異なる組み合わせの共同意見は、連邦最高裁判所に対する圧力に言及し、「組織の誠実性原則」からロー対ウェイド判決の支持が必要であることを説明した。この三名の判事は「判決変更には途方もない代償を伴う」と述べ、そうした選択は「当裁判所が司法権を行使して法の支配を信奉する国家の最高裁判所としての役割を果たす権限を著しく弱めることになるだろう」と付け加えた。

この三名の共同意見は国民とのつながりに対する連邦最高裁判所の見解をよく示すものなので、やや長いが引用する価値がある。

> アメリカ政府の権力の根源は、憲法が合衆国の司法機関に付与した権力、特に当裁判所に付与した権力の中に最もよく示されている。数世代にわたって続くアメリカの人たちが正しく認識しているように、当裁判所はその判決に対する支持をお金で買うことはできないし、わずかな場合を除いて、その判決に従うことを独自に強制することもできないのである。当裁判所の権力はむしろ、その正統性にある。それは、国家の法が何を意味するのかを確定し、その法の要請を明らかにするのにふさわしい機関として、国民が司法機関を受け容れていることに見出すことができる、実体と認識の産物なのである。

共同意見はさらに、「重要な判決を再検討するこれ以上ないほどの強い理由がないのに、強い批判がある中でその判決を変更することは、当裁判所の正統性を間違いなく傷つけることになろう」と述べ、次のように続けた。

継続性に対する信頼がひとたび確立されたのなら、その判決を支持する力が持続する限り、そしてその信頼が失われるほど当該問題に対する理解が根本から変わってしまわない限り、裁判所を拘束するのである。……

現在の状況下でロー判決の中核的判示を変更する判断は、ロー判決に誤りがあるとの前提から、その誤謬に対処するものだろうが、当裁判所の正統性と法の支配に対する国民の信頼に深刻かつ不要なダメージを与えるという代償を伴う。それゆえ、ロー判決の元々の判断の中核部分を変更しないことが不可欠なのであって、今日我々はそうするのである。

ケイシー判決は連邦最高裁判所の内部から強力な反対を巻き起こし、外部の批判を浴び続けた。この判決は、共同意見を述べた三名の判事が明らかに望んだようには連邦最高裁判所への圧力を和らげず、またロー判決に反対の人たちを翻意させるものでもなかった。誰の目にも明らかだったのは、ケイシー判決は妊娠中絶に関して連邦最高裁判所の最終判断ではないということだった。にもかかわらず、ひどく堅苦しく、やや難解な論調であるものの、この判決は、国民の目から見てその正統性への脅威とみなされる事態に連邦最高裁判所が対応した、興味深い一例と考えられている。

ケイシー判決には、分かりにくい点などまったくなかった。争点はおなじみのものだったし、連邦最高裁判所はこの判決に対する賛成と反対の理由をよく理解していた。けれども、問題が比較的新しいものだとか、新しくなじみのない状況で連邦最高裁判所が事件を審理することになった想定してみよう。判事たちは、どこで自分たちの知らない情報に接することができるだろうか？

その明白な答えは、事件の当事者たちと彼らが口頭弁論の前に提出する趣意書である。しかし、ちょうど上訴申立書には九千字の字数制限があるように、上訴が受理された後に当事者たちが提出する本案趣意書にも字数制限がある（それぞれ一万三千字で、さらに上訴人は六千字の反論答弁書を提出する）。多くの場合、当事者たちは事件の背景や法的論点を詳述することにその字数のほとんどを費やしてしまう。より広範な状況で当該事件が占める立ち位置や、いずれか一方の勝訴判決が意味することといった、判事たちが最も知りたいと思うだろうことを述べるスペースはほとんど残されていないのである。

そこに（裁判所の友を指す）法廷助言者（アミカス・キュリエ）が登場する。当事者の一方が相手方の助言者リストを承認するのが一般的であるが、その場合、当事者たちが召喚できる助言者の数に上限はない（当事者間で助言者の書類提出に同意がない場合、連邦最高裁判所はその提出を許可し、あるいは認めないことができる）。もちろん助言者は本来趣意書を提出している特定の当事者の支持者なのだが、「裁判所の友」という表現は間違いではない。九千字の字数制限の中で、当事者の趣意書とは重複せず、むしろそれを補足する有益かつ重要な情報を提供するような有用な助言者からの趣意書（アミカス・ブリーフ）は、判事たちの助けとなっている。ミシガン大学ロー・スクール入学選考事件でオコナー判事がアミカス・ブリーフに依拠したのは、これらの書類がいかに重要であるかを示す好例である。連邦最高裁判所で弁論に立つ弁護士たちも、質の良いアミカス・ブリーフがもつ有益性の可能性を理解しており、そうした趣意書の数は大幅に増加している。ロー対ウェイド判決ではアミカス・ブリーフが一五通しか提出されなかったが、今日通常の一般的な事件では少なくとも同程度の数の趣意書が提出されることが多く、重要な事件では数十通に上る。利益団体は、その関心領域の事件で立場を公に主張にするために、頻繁にアミカス・ブリーフを活用する。そしてその団体は、連邦最高裁判所で重要な役割を果たしていることを示す方法として、アミカス・ブリーフを会員や寄付をしてくれそうな人たちに配布することがある。

司法省訟務長官室は連邦最高裁判所の多くの事件で当事者となる連邦政府を代理する部局であるが、連邦政府が直接関係していない事件でも政府の政策に影響を与える可能性があることを判事たちに伝える活発なアミカスである。趣意書提出の適否を判断するために、訟務長官室には、連邦政府とは関係しない係属事件の結論がどの連邦機関と関連するのかを了知するシステムがある。しかしどのシステムも完璧ではなく、近年の機能不全の例は、判事たちが知らず知らずのうちに一部の情報だけに依拠したとき何が起こるのかを示す。

二〇〇八年に下されたケネディ対ルイジアナ州判決（Kennedy v. Louisiana）では、殺人には至っていない場合の子供に対する強姦事件で死刑を科すのは合憲なのかが争点となった。その数十年前、死刑を復活させた直後の一九七七年に、連邦最高裁判所はコーカー対ジョージア州判決（Coker v. Georgia）で、成人女性の強姦事件で死刑を科すのは憲法上許されないと判決した。ルイジアナ州は、死刑の対象となる犯罪を殺人だけでなく児童強姦にまで拡大しようとした数州の一つだった。そのような刑罰は、修正八条が禁止する「残虐で異常な刑罰」の一つなのだろうか？

死刑の適用対象の類型に関する別の事件と同じく、連邦最高裁判所は量刑の全体的状況を調査した。児童強姦の罪に死刑を科す州は六つしかなかったので、多数意見はそれに死刑を科すことに反対する国民の共通理解があると判断した。ルイジアナ州法を憲法違反とする判決は五対四だった。多数意見を執筆したケネディ判事は、連邦議会は一九九〇年代に死刑を科す連邦犯罪の範囲を拡大した一方で、児童強姦はその範囲に含まれなかったと説示した。この説示は多数意見の結論を強化するものだった。

しかし、この説示は正確ではなかった。この判決の当事者も、合衆国訟務長官も、そして法廷助言者の誰も、そのわずか二年前に連邦議会が軍事司法統一法典の適用対象の軍人が犯した児童強姦を死刑の対象にしたことに気がついていなかった。この不都合な事実は、連邦最高裁判所がこの判決を下し夏季休暇に入った後に明らかとなった。ルイジアナ州と訟務長官室はともに、事件の再審理を判事たちに求める意見書を提出した。何週間も書類が行き来したが、連邦最高裁判所は最終的にこの判決を支持すると発表した。

このような情報の不備には多くの組織が困惑しただけでなく、特別のアイロニーがあった。修正八条に関する連邦最高裁判所の判例法理は、かなりの程度、法律に反映された世論に対する判事たちの評価に左右されている。明らかに「異常な」刑罰には憲法上問題があるとみなされる。このことから、連邦最高裁判所は殺人を犯した精神障がいの被告人に対する死刑判決を無効にし（二〇〇二年のアトキンス対ヴァージニア州判決（**Atkins v. Virginia**））、未成年の殺人犯に対する死刑判決も無効にした

（二〇〇五年のローパー対シモンズ判決（Roper v. Simmons））。だが、この種の分析は精確な情報次第なのである。連邦最高裁判所は世論に関心があるのかもしれないが、その真意を把握することはできない。私たちと同じように、判事たちも、自ら学んだことや誰かから教えられたことしか知らないのだ。

第八章　連邦最高裁判所と世界

独立後の数十年の間、合衆国の議員やリーダーたちの何人かは、新国家の法制度をヨーロッパの旧体制から生じる腐敗から隔離しようと躍起になっていた。一七九九年から一八一〇年にかけて、ニュージャージー州やケンタッキー州、ペンシルバニア州の州議会は、州裁判所が一七七六年七月四日以降にイギリスの裁判所が下した判決を引用することを禁止する法律を制定した。トーマス・ジェファーソンは私信の中で、アメリカの裁判所からイギリス法を取り除く取り組みを支持していた。

しかし、当時でさえ外国法に対するアメリカ人の態度は明瞭とはいえず、そのすべてに敵対的だったわけではなかった。結局のところ、独立宣言の第一段落では「人類の意見を真摯に尊重する」と言い、『ザ・フェデラリスト』でも五百以上の外国の地名の記載がある。連邦最高裁判所の初期の判決には外国法の参照が数多くあり、ナポレオンが実行したフランスの法制度改革に関する記述は広く流布された。アメリカ人は、そのずいぶん後の二〇世紀には、国の基本法と合致しないと判断された法律を無効にする権限を付与された憲法裁判所というアイディアを含む、アメリカの制度をヨーロッパの国々が採用するのを誇らしく見ていた。この種の裁判所が第二次世界大戦後に成立した国々や、冷戦後に成立した国々に設立されるようになるにつれ、その裁判所の裁判官たちが連邦最高裁判所の先例を引用するのは一般的になった。しかし、連邦最高裁判所に対する敬意が広く及んでいるにもかかわらず、アメリカが経験したことをそのまま導入した国はない。合衆国憲法の起草者たちには自分たちの指針となるような実際的な経験を知る機会がほとんどなかったが、新しい憲法体制の設計者たちはアメリカが経験したことの長所と短所を評価することができた。彼らの選択ははっきりしている。

例えば、裁判官の任期を終身としている国は他にない。更新がない固定任期制がもっとも一般的である。一五名のイタリア憲法裁判所の裁判官の任期は九年で、一六名のドイツ連邦憲法裁判所の裁判官の任期は一二年である。アパルトヘイト後の一九九四年憲法によって設立され、すぐさま世界の憲法裁判所の最前線に躍り出た南アフリカ憲法裁判所では、一一名の裁判官が一二年の任期を務める。

世界の憲法裁判所の裁判官任期の完全な一覧を示すことは本書の範囲を超えるが、上記の例が示すのは、他の国々はアメリカ型の終身任期制を導入しようとはまったくしていないということだ。その当然の結果として、合衆国の裁判官選任手続を特徴づける、下級裁判所の裁判官の場合でも発生する承認をめぐる争いは、ほとんどの国では見られない。これは間違いなく、裁判官の選考と承認のルールの違いによるところが大きい。例えばドイツでは承認に議会の三分の二の賛成が必要であり、このルールでは承認手続の冒頭から政治的な妥協が事実上必要なのである。しかし、任期制による定期的な裁判官の交代は、一時的に権力を掌握した政権与党が司法機関に対して長期的な支配権を行使できる可能性を取り除くので、承認をめぐる政治的な熱量を引き下げるのにも役立っている。

少なくともヨーロッパ諸国の裁判所では全員一致という規範を遵守する傾向があるということは、

アメリカとのもう一つの違いである。個別意見は好まれず、いくつかの国では公式に禁止になっているところさえある。裁判官が反対意見を記すことが許されている場合、匿名で記述することが求められることが多い。口頭弁論はめったに行われない。総じてみれば、こうしたルールがあるので、裁判官が影響力のある公人——あるいは好悪の分かれる人物——という役割を担うことは少ないのである。

制度の構造に焦点を当てる比較がそもそも不完全であるのは、実体法もそれが発展する国内の政治的状況も国境を越えると大きく異なるからである。このような違いは、いくつかの国の裁判所はよりリベラルな側に移行している一方で、アメリカの裁判所はより保守的になってきているという事実と相まって、最近合衆国で論じられている、連邦裁判所の裁判官が自身の判決理由の中で外国の判決を引用することの妥当性をめぐる議論を生む原因となっている。外国法の引用とは、群衆の頭を見渡し、自分の友人を見つけ出すようなこと、つまり望ましい結論と最もよく適合する判決を選択することなのだと、スカリア判事とロバーツ長官はそろって訴えてきた。

外国法の引用に批判的な人たちは、二〇〇二年から二〇〇五年にかけて下された三件の連邦最高裁判所の判決に着目している。この三件はすべて判例法理を進歩派側に導くもので、その多数意見は外国の裁判所や議員たちの見解を引用していた。これら外国の資料は、明らかに合衆国憲法の意味を決定するものとして引用されたのではないし、またそのような可能性もなかった。しかし、外国の資料に言及しただけで彼らの憤怒を引き起こしたのは、人間の尊厳の関する見解が進展しているグローバルな状況の中で、憲法をどのように解釈すべきかという問題を設定したからである。三件の判決のうち二つは死刑に関するものだった。二〇〇二年のアトキンス対ヴァージニア州判決（Atkins v. Virginia）で連邦最高裁判所は、修正八条が禁止する残虐で異常な刑罰の禁止は精神障がいのある犯人の死刑を禁止すると判決した。多数意見は、被告人の主張を支持する欧州連合の趣意書に言及した。その三年後のローパー対シモンズ判決（Roper v. Simmons）で連邦最高裁判所は、一八歳になる前に死刑対象犯罪を行って有罪となった者の死刑を禁止すると判決した。この判決の多数意見は、欧州連合のアミカス・ブリーフだけでなく、合衆国が批准していない国連子どもの権利条約を引用した。

この二つの判決の間に、連邦最高裁判所は、同性愛者の性交行為を犯罪とするテキサス州法を憲法違反とした二〇〇三年のローレンス対テキサス州判決（Lawrence v. Texas）を下した。この判決は、一七年前の先例（一九八六年のバウアーズ対ハードウィック判決（Bowers v. Hardwick））を変更し、ＬＧＢＴの人たちの権利にとっては憲法上の転換点となった。多数意見は、一九六七年に同性愛者の性交行為を処罰対象から外したイギリス法と、同様の欧州人権裁判所の一九八一年判決を引用した。

連邦議会の保守派は、これらの判決に強い拒否反応を示した。アトキンス判決とローレンス判決の後の二〇〇四年に、連邦議会下院司法委員会の委員長でウィスコンシン州選出の共和党議員Ｆ・ジェイムス・センセンブレナーは、連邦最高裁判所で開催された司法会議の春季大会で、出席者たちに向けてこう演説した。「裁判所が外国法や外国の裁判に不適切に従うことは、アメリカの主権を危うくし、建国の父たちが慎重に構築した権力分立を不安定にし、アメリカの司法手続の正当性を損なうおそれがある」と、彼はレーンキスト長官や他の裁判官たちに告げた。そして、連邦議会はすぐにこの問題を検討するだろうと警告した。別の共和党議員たちは弾劾の可能性を指摘し、外国法の引用は合衆国憲法三条のいう「非行なし」と相容れないと忠告した。

図表 11：1993 年 1 月 27 日、連邦最高裁判所の大ホールに安置されているサーグッド・マーシャル判事の遺体に哀悼を示そうと、夜を徹して待つ人たち。

この論争で意見を変えた連邦最高裁判所判事はいなかったようだ。外国の法源の承認を支持する判事は引き続きそうしたし、それに反対の判事は批判を続けた。連邦議会の関心が別の問題に移るにつれて、弾劾の話も消えていった。二〇一五年に出版した著作『裁判所と世界：アメリカ法と新たな世界の現実 The Court and the World: American Law and the New Global Realities』〔邦訳：『裁判所と世界——アメリカ法と新しいグローバルの現実』大林啓吾ほか訳（成文堂、二〇二一年）〕を理由に、ブライヤー判事の弾劾を求めた連邦議会議員は誰もいなかった。今日の世界では、同じような問題を他国の裁判所がどのように判決したのかを考慮に入れることは、ある国の裁判官にとって望ましいだけでなく避けられないことだとブライヤー判事は論じた。この書籍を出版した同じ年、ブライヤー判事は死刑判決で反対意見を執筆し、死刑に対する連邦最高裁判所の判断を再考する時が来たという自身の主張の一環として実際の国際的状況を援用した（二〇一五年のグロシップ対グロス判決（Glossip v. Gross））。ブライヤー判事は、一三七ヶ国が死刑を廃止しており、合衆国は二〇一三年に死刑を執行したわずか二二ヶ国の一つだと指摘した。

ワシントンの法曹界や政界の注目を少なくとも一時的には集めた、国際法の引用をめぐる議論に、国民が全体として関心を示したのかは定かではない。しかしはっきりしていることは、ほとんどの人が連邦最高裁判所について何も知らず、またその判決を手にしたことがないにもかかわらず、連邦最高裁判所は人々の心の中にしっかりとした存在感を残しているということである。一九三二年の起工式に参集した大勢の群衆は、連邦最高裁判所がようやく自らの拠点を得たことを祝福するために集まった。一九九三年冬の寒い夜を徹して、サーグッド・マーシャル判事の棺の前を通るために連邦最高裁判所の外で待つ人たちも、それぞれが弁護士として連邦最高裁判所に影響を及ぼし、判事として貢献した人物の生涯を称えていたのである。他の国は、その国のニーズに合わせて憲法裁判所を形づくる際に連邦最高裁判所の特徴のいくつかを導入しまた退けているが、世界の法領域の中でそびえ立つのは依然として合衆国の連邦最高裁判所なのである。憲法の起草者たちもそれを期待していた。初期の連邦最高裁判所の重要判決である一八一六年のマーティン対ハンターの賃借人判決（Martin v. Hunter's Lessee）で、ジョセフ・ストーリー判事は、「外国が強く関心を示す裁判で正しく」判決することは連邦最高裁判所の権限だと述べた。今もそうである。

〔参考文献〕

第一章

巡回して裁判した判事たちの活動については、『文書でたどる連邦最高裁判所の歴史 一七八九―一八〇〇 **The Documentary History of the Supreme Court of the United States, 1789-1800**』（コロンビア大学出版局）の第二巻（一九八九年）と第三巻（一九九〇年）で詳しく論じられている。連邦最高裁判所長官への復帰を求める大統領に断りを伝えるジョン・ジェイのジョン・アダムズ宛の手紙は、ヘンリー・P・ジョンソン編『ジョン・ジェイの書簡と公開文書 **The Correspondence and Public Papers of John Jay**』（G・P・パットナムズ・サン、一八九〇年）第四巻二八四―八五頁に再録されている。このことは、マイケル・J・クラーマンの興味深い論文「マーシャル長官の時代の連邦最高裁判所の『偉大な』判決はどれほど偉大だったのか？ **How Great Were the 'Great' Marshall Court Decisions ?**」ヴァージニア・ロー・レビュー八七号一一五四頁註二二六（二〇〇一年）**Virginia Law Review 87** (2001): **1111, 1154, n. 226** でも引用されている。

「何が法であるかを述べること」は連邦最高裁判所の「権限と任務」だとするジョン・マーシャルの有名な一節の最近の引用例としては、二〇〇八年に連邦最高裁判所が下したブーメディエン対ブッシュ判決があり、この判決は、グアンタナモ湾に収容された被拘禁者が提起する事件を審理する裁判権を連邦裁判所から剥奪した連邦議会の法律を無効とした。多数意見を執筆したケネディ判事は、

「政治部門には自由に憲法のスイッチを点けたり消したりする権限があるとすることは、当裁判所ではなく連邦議会と大統領が『何が法であるか』を述べる体制をもたらし、我が国の三権分立の政治体制に著しい異常性を許すことになる」と述べて、マーバリー判決を引用した。

連邦最高裁判所が無効にした連邦議会の法律の一覧については、連邦政府印刷局『合衆国憲法　分析と解釈　The Constitution of the United States, Analysis and Interpretation』を参照。オンラインでも閲覧可能。https://constitution.congress.gov/resources/unconstitutional-laws/

第二章

連邦最高裁判所規則一三条は、裁量上訴の申立書は下級裁判所の「最終判決」が下されてから九〇日以内に提出されなければならないと定めている。一九八四年の米国シェブロン社対天然資源保護協議会判決（Chevron U.S.A., Inc. v. Natural Resources Defense Council）は、あいまいな法律に対する行政当局の妥当な解釈を裁判所が尊重するルールを設定した。これは「シェブロン敬譲」の原則として知られている。現在の連邦最高裁判所の多数派はこの原則に対する嫌悪を明らかにしており、近いうちにシェブロン判決を変更する可能性がある。

オバマケア訴訟の背景と判決の分析については、ナサニエル・パーシリー、ジリアン・E・メッツガー、トレバー・W・モリソン編『ヘルスケア訴訟：連邦最高裁判所の判決とその意味　The Health Care Case: The Supreme Court's Decision and Its Implications』（オックスフォード大学出版局、二〇一三年）を参照。妊娠差別訴訟とその法的背景については、ジリアン・トーマス『性別のせい：アメリカ女性の職場生活を変えた一つの法律、一〇の訴訟、そして五〇年間 Because of Sex: One Law, Ten Cases, and Fifty Years That Changed American Women's Lives at Work』（セント・マーチンズ・プレス、二〇一六年）［邦訳：『雇用差別と闘うアメリカの女性たち：最高裁を動かした一〇の物語』中窪裕也訳（日本評論社、二〇二〇年）］を参照。ニューヨークにある連邦控訴裁判所の首席裁判官ロバート・カッツマンは、著作『法律を裁く Judging Statutes』（オックスフォード大学出版局、二〇一四年）で制定法解釈に関する議論に貢献している。

第三章

判事が時とともに当初のイデオロギー的な立場からどのように変化してきたかについての説明と分析は、リー・エプスタインとその共著者の論文「連邦最高裁判所のイデオロギー的傾向の転換：誰が、いつ、そしてどれほど重要か？ Ideological Drift Among Supreme Court Justices: Who, When, and How Important ?」ノースウェスタン・ロー・レビュー・コロキシー一〇一号一二七―一三一頁（二〇〇七年）Northwestern Law Review Colloquy 101 (2007): 127–31 を参照。マイケル・C・ドーフは自身の論文「連邦行政機関での経験は、共和党政権が指名した連邦最高裁判所判事の中に『進化』する者としない者がいる理由を説明するか？ Does Federal Executive Branch Experience Explain Why Some Republican Supreme Court Justices 'Evolve' and Others Don't ?」ハーヴァード・ロー&ポリシー・レビュー一号四五七―七六頁（二〇〇七年）Harvard Law & Policy Review 1 (2007): 457–76 で、行政機関での職務経験の有無から新任の連邦最高裁判所判事の最終的なイデオロギー的傾向の転換を予測できると指摘した。ドーフのいう「職務経験なし」グループに入る判事は、ブラックマン、パウエル、スティーブンス、オコナー、ケネディ、スーターの六名であり、「職務経験あり」グループに入るのは、バーガー、レーンキスト、スカリア、トーマス、ロバーツ、アリートだった。この研究はロバーツとアリートについては就任して間もない時期に結論を出しているが、ドーフは「予備的な証拠から、彼らにもこのパターンは当てはまる」と指摘している。候補者の出身地を要因として検討したのはローレンス・ボームで、著作『裁判官と聴衆：裁判官の行動様式に対する視座　Judges and Their Audiences: A Perspective on Judicial Behavior』（プリンストン大学出版局、二〇〇六年）で考察している。この点については、ハリー・ブラックマンの例に焦点を当てる拙稿「連邦最高裁判所における変化と継続性　Change and Continuity on the Supreme Court」ワシントン大学ロー&ポリシー・ジャーナル二五号三九—五九頁（二〇〇七年）Washington University Journal of Law and Policy 25 (2007): 39–59を参照。

ダグラス判事を弾劾する試みの詳細については、デヴィッド・E・カイヴィグ『弾劾の時代：一九六〇年以降のアメリカの憲法文化　The Age of Impeachment: American Constitutional Culture Since 1960』（カンザス大学出版局、二〇〇八年）を参照。

連邦最高裁判所判事の終身任期制に関する議論については、ロジャー・C・クラムトン&ポール・D・キャリントン編『連邦最高裁判所の改革：連邦最高裁判所判事の任期制限　Reforming the Courts: Term Limits for Supreme Court Justices』（カロライナ学術出版会、二〇〇六年）およびサンフォード・レヴィンソン『私たちの非民主的な憲法：憲法はどこで間違ったのか（そして私たち国民はどうやってそれを修正できるのか）Our Undemocratic Constitution: Where the Constitution Goes Wrong（And How We the People Can Correct It）』（オックスフォード大学出版局、二〇〇六年）を参照。

第四章

レーンキスト連邦最高裁判所長官はギルバートとサリヴァン〔一九世紀後半のイギリスのコミック・オペラの脚本家と作曲家〕のファンであり、クリントン大統領弾劾の際の自身のパフォーマンスについて述べた一節は、彼の好きなギルバートとサリヴァンのオペレッタの一つであるアイオランシの中で貴族院に言及した下りに由来するものである。

連邦最高裁判所長官の多様な任務に関する研究は、二〇〇五年にペンシルベニア大学ロー・レビューが主催した「連邦最高裁判所長官の制度的分析　The Chief Justice and the Institutional Judiciary」というシンポジウムで発表され、同誌の二〇〇六年六月号は当シンポジウムで発表された研究を特集している。ジュディス・レズニック＆レーン・ディル「民主主義的損失への対応：連邦最高裁判所長官の権限と任期の制限　Responding to a Democratic Deficit: Limiting the Powers and the Term of the Chief Justice of the United States」ペンシルベニア大学ロー・レビュー一五四号一五七五―一六六四頁（二〇〇六年）University of Pennsylvania Law Review 154（2006）: 1575-1664を参照。

サーモン・チェイスの引用については、アルフェウス・トーマス・メイソンの論文「連邦最高裁判所長官：同輩中の首席　The Chief Justice of the United States: Primus Inter Pares」ジャーナル・オブ・パブリック・ロー一七号二〇—六〇頁（一九六八年）Journal of Public Law 17 (1968): 20-60を参照。後で触れた長官の影響力にかかる「人間的要素」も、この論文からの引用である。

リー対ワイズマン判決に関するケネディ判事からブラックマン判事への書簡および他の判事との間の書簡は、連邦議会図書館文書保存部のハリー・A・ブラックマン・コレクション第六フォルダのボックス五八六に収蔵されている。

ロバート・J・スティーマーは長官に必要な資質について論じている。スティーマー「司法リーダーシップ：イギリスとアメリカの経験　Judicial Leadership: English and American Experience」ジョン・P・シュミドハウザー編『比較司法制度：概念的実証的分析のフロンティアへの挑戦　Comparative Judicial Systems: Challenging Frontiers in Conceptual and Empirical Analysis』（バターワース、一九八七年）。

一九二五年裁判所法に関するタフト長官の論文は次のものである。「一九二五年二月一三日法律に基づく連邦最高裁判所の裁判権　The Jurisdiction of the Supreme Court Under the Act of February 13, 1925」イェール・ロー・ジャーナル三五号一—一二頁（一九二五年）Yale Law Journal 35 (1925): 1-12。

第五章

H・W・ペリー『判決するという決断：連邦最高裁判所における上訴受理　Deciding to Decide: Agenda Setting in the United States Supreme Court』（ハーヴァード大学出版、一九九一年）は、「防御的不受理」という表現を生み出した。

五二五ドルと高価なので一般向けではないが、連邦最高裁判所の実務家にとって欠かせない同裁判所の正式な規則と非公式な手続に関するガイドブックは、スティーブン・M・シャピロ他編『連邦最高裁判所実務手引 Supreme Court Practice』（ブルームバーグBNA、二〇一九年）で、現在は第一一版である。この本は通常、最初の編者にちなんで「スターンとグレスマン」と呼ばれている。

「ボン・ヒッツ・4・イエス Bong Hits 4 Jesus」［あえて訳せば「キリストにマリファナ」を指し、"Bong Hits" には水パイプでマリファナや麻薬を吸うという意味がある］という不可解な声明を掲げた学生の横断幕を巡るモーズ対フレデリック判決については、フレデリック・シャウアーが次の論文で論じている。「重要であることは重要か？ 連邦最高裁判所の事件選別プロセスの評価 Is It Important to Be Important ? Evaluating the Supreme Court's Case-Selection Process」イェール・ロー・ジャーナル・オンライン一一九号七七—八六頁（二〇〇九年）Yale Law Journal Online 119 (2009): 77-86。サンフォード・レヴィンソンの「訴訟の対象となる憲法」と「固定された憲法」に関する見解については、その論文「（共和制政府の参加者として）市民は憲法について何を知るべきか？ What Should Citizens (As Participants in a Republican Form of Government) Know About the Constitution ?」ウィリアム・アンド・メアリー・ロー・レビュー五〇号一二三九—六〇頁（二〇〇九年）William & Mary Law Review 50 (2009): 1239-60 から引用した。

第六章

スティーブン・バーバンクの論文は「司法の独立性、司法の説明責任、そして政府機関の相互関係 Judicial Independence, Judicial Accountability, and Interbranch Relations」ジョージタウン・ロー・ジャーナル九五号九〇九―二七頁（二〇〇七年）Georgetown Law Journal 95 (2007): 909–27 である。論争の的となっている問題について裁判所の裁判権を剥奪しようとする取り組みは、連邦議会と連邦司法機関の関係に関する最近の主要な研究で論じられている。チャールズ・ガードナー・ゲイ『裁判所と議会が衝突するとき：アメリカの司法制度の支配をめぐる闘争 When Courts and Congress Collide: Struggle for Control of America's Judicial System』（ミシガン大学出版局、二〇〇六年）。ウィリアム・N・エスクリッジ・ジュニア「連邦最高裁判所の法律解釈に関わる判決の変更 Overriding Supreme Court Statutory Interpretation Decisions」イェール・ロー・ジャーナル一〇一号三三一―四五五頁（一九九一年）Yale Law Journal 101 (1991): 331–455 は、現代の連邦最高裁判所が下した法律が関係する判決に対する連邦議会の対応についての最も信頼できる論説である。チェロキー族の権利を支持し、アンドリュー・ジャクソンの不興を買った連邦最高裁判所の判決は、一八三二年のウースター対ジョージア州判決（Worcester v. Georgia）である。二〇〇九年リリー・レッドベター公正賃金法（P. L. 111–2, 123 Stat. 5）は、レッドベター対グッドイヤー・タイヤ&ラバー社判決を覆した。

第七章

カードーゾの引用は、『司法過程の本質　The Nature of the Judicial Process』からのものである。これは元々一九二一年にイェール大学で行われたストーズ記念講義の講義録で、爾来イェール大学出版局が刊行し続けている。オコナー判事の講演は、「公平な司法の特質としての国民の信頼　Public Trust as Dimension of Equal Justice」コートレビュー三六号一〇―一三頁（一九九九年）Court Review 36 (1999): 10-13として発表された。レーンキスト長官の世論に関するコメントは、「憲法と世論　Constitutional Law and Public Opinion」サフォーク大学ロー・レビュー二〇号七五一―六九頁（一九八六年）Suffolk University Law Review 20 (1986): 751-69で発表された講義録からの引用である。

エプスタインとマーティンの論文「世論は連邦最高裁判所に影響を及ぼしているか？　おそらくそうだろう（しかし、なぜかは分からない）　Does Public Opinion Influence the Supreme Court ? Possibly Yes (But We're Not Sure Why)」は、ペンシルベニア大学ジャーナル・オブ・コンスティテューショナル・ロー一三号二六三―八一頁（二〇一〇年）University of Pennsylvania Journal of Constitutional Law 13 (2010): 263-81に掲載された。「共和制の校長」というイメージは、ラルフ・ラーナー「共和制の校長としての連邦最高裁判所　The Supreme Court as Republican Schoolmaster」スープリーム・コート・レビュー一九六七年号一二七―八〇頁Supreme Court Review 1967 (1967): 127-80からのものだ。自殺幇助の問題で言及した研究は、ジョシュア・A・グリーン&マシュー・G・ジャーヴィス「死ぬ権利　The Right to Die」、ナサニエル・パーシリー、ジャック・シトリン、パトリック・J・イーガン編『世論と憲法論争　Public Opinion and Constitutional Controversy』（オックスフォード大学出版局、二〇〇八年）からの引用である。パーシリーらの本は、本文で言及した「正当化仮説」の出典でもある。ニクソン大統領による四人の連邦最高裁判所判事の任命が与えた影響をテーマにしたものに、マイケル・J・グレッツ&リンダ・グリーンハウス『バーガー・コートと右派裁判官の台頭　The Burger Court and the Rise of the Judicial Right』（サイモン&シュスター、二〇一六年）がある。

超党派の調査機関であるピュー・リサーチ・センターは、連邦最高裁判所に関する世論を追跡調査し、その結果を次のサイトに掲載している。〈https://www.pewresearch.org/search/supreme%20court〉二〇〇九年の連邦最高裁判所と世論の関係については、バリー・フリードマン『人民の意思：世論がどのように連邦最高裁判所に影響を与え、憲法の意味を形づくったのか　The Will of the People: How Public Opinion Has Influenced the Supreme Court and Shaped the Meaning of the Constitution』（ファラー、ストラウス&ジロー、二〇〇九年）が詳しく論じている。連邦最高裁判所におけるアミカス・キュリエ実務についての啓発的研究には、アリソン・オア・ラーセン&ニール・デヴィンズ「アミカス・マシーン　The Amicus Machine」ヴァージニア・ロー・レビュー一〇二号一九〇一—六八頁（二〇一六年）Virginia Law Review 102 (2016): 1901-68がある。

第八章

トーマス・ジェファーソンがイギリス法に反対したことについては、デヴィッド・J・セイップ

「我が国の法律、彼の国の法律、歴史、および外国法の引用　Our Law, Their Law, History, and the Citation of Foreign Law」ボストン大学ロー・レビュー八六号一四一七—四六頁（二〇〇六年）Boston University Law Review 86（2006）: 1417–46が論じている。現代の状況において特に有用な比較分析を提供する論文は、ジョン・フェレジョン&パスカーレ・パスキーノ「憲法判断：ヨーロッパからの教訓」テキサス・ロー・レビュー八二号一六七一—一七〇四頁（二〇〇三—二〇〇四年）Texas Law Review 82（2003–2004）: 1671–1704である。

〔引用判例〕

連邦最高裁判所の判決は、政府が合衆国判例集と呼ばれる一連の出版物として刊行する。判決は巻数とページ番号で特定される。それゆえ、ブラウン対教育委員会判決の正式な引用情報は**347 U.S. 483**（1954）であり、一九五四年に判決された合衆国判例集の三四七巻四八三頁から始まる判決を意味する。連邦最高裁判所の初期の数十年間は、合衆国判例集が存在せず、各巻はそれを出版した判例集編者（元々は非公式で無給の職）の名前で知られていた。したがって、今日マーバリー対マディソン判決が**1 Cranch**（5 U.S.）**137**（1803）として引用されるのは、連邦最高裁判所二代目編者のウィリアム・クランチが作成した巻に判決が掲載されているためである。（初代の編者はアレクサンダー・J・ダラスで、連邦最高裁判所の最初期の判決の引用情報には彼の略称が記載されている。）初期の巻には、連邦議会が合衆国判例集出版の予算を計上した後の一九世紀後半に、「U.S.」の巻番号が遡及的に付けられた。公式の役職として今日知られている連邦最高裁判所の判決記録官は、現在も正確な判決書の出版を監督する責を負う。（残念なことに、ある判決が正式に「U.S.」の引用情報を付され、合衆国判例集に掲載されるまでには数年を要する。それまでの間、判決はS. Ct.という略称の連邦最高裁判所判例集シリーズを出版するウエスト出版社が割り当てた引用情報によって一般に引用される。したがって、例えば、下記のリストの最初の判例であるアブード対デトロイト教育委員会判決は、最初に**97 S. Ct. 1782**と引用されるのであり、現在でもその情報から検索することができる。最新の判決については、連邦最高裁判所の事件番号がここに記載されている。）

以下は、本文および参考文献で言及されたすべての判決の引用情報である。

・Abood v. Detroit Board of Education, 431 U.S. 209（1977）
・Atkins v. Virginia, 536 U.S. 304（2002）
・Board of Regents, University of Alabama v. Garrett, 531 U.S. 356（2001）
・Boumediene v. Bush, 553 U.S. 723（2008）
・Bowers v. Hardwick, 478 U.S. 186（1986）
・Brown v. Board of Education, 347 U.S. 483（1954）
・Burwell v. Hobby Lobby Stores, Inc. 134 S. Ct. 2751（2014）
・Chevron U.S. A., Inc. v. Natural Resources Defense Council, 467 U.S. 837（1984）
・Chisholm v. Georgia, 2 Dall.（2 U.S.）419（1793）
・Citizens United v. Federal Election Commission, 558 U.S. 50（2010）
・City of Boerne v. Flores, 521 U.S. 507（1997）
・Coker v. Georgia, 433 U.S. 584（1977）
・Department of Commerce v. New York, 139 S. Ct. 1551（2019）
・Dickerson v. United States, 530 U.S. 428（2000）
・District of Columbia v. Heller, 554 U.S. 570（2008），（19-1392）

〔引用判例〕

・Dobbs v. Jackson Women's Health Organization, 142 S. Ct. 2228（2022）
・Employment Div., Dept. of Human Resources of Oregon v. Smith, 494 U.S. 872（1990）
・Fisher v. University of Texas（Fisher I）, 570 U.S. 297（2013）
・Glossip v. Gross, 576 U.S. 863（2015）
・Grutter v. Bollinger, 539 U.S. 306（2003）
・Hamdan v. Rumsfeld, 545 U.S. 557（2006）
・Hayburn's Case, 2 Dall.（2 U.S.）409（1792）
・Janus v. American Federation of State, County, and Municipal Employees, 138 S. Ct. 2448（2018）
・Kennedy v. Louisiana, 554 U.S. 407（2008）
・Kimel v. Florida Board of Regents, 528 U.S. 62（2000）
・Lawrence v. Texas, 539 U.S. 558（2003）
・Ledbetter v. Goodyear Tire & Rubber Co., Inc., 550 U.S. 618（2007）
・Lee v. Weisman, 505 U.S. 577（1992）
・Marbury v. Madison, 1 Cranch（5 U.S.）137（1803）
・Martin v. Hunter's Lessee, 14 U.S. 304（1816）
・Massachusetts v. Environmental Protection Agency, 549 U.S. 497（2007）
・Miranda v. Arizona, 384 U.S. 436（1966）
・Morse v. Frederick, 551 U.S. 393（2007）

- Murphy v. United Parcel Service, Inc., 527 U.S. 516 (1999)
- National Federation of Independent Business v. Department of Labor, Occupational Safety and Health Administration, 142 S. Ct. 661 (2022)
- National Federation of Independent Business v. Sebelius, 567 U.S. 519 (2012)
- Nevada Dept. of Human Resources v. Hibbs, 538 U.S. 721 (2003)
- New York State Rifle and Pistol Association v. Bruen, 142 S. Ct. 2111 (2022)
- Obergefell v. Hodges, 135 S. Ct. 2584 (2015)
- Planned Parenthood of Southeastern Pennsylvania v. Casey, 505 U.S. 833 (1992)
- Plessy v. Ferguson, 163 U.S. 537 (1896)
- Rasul v. Bush, 542 U.S. 466 (2004)
- Roe v. Wade, 410 U.S. 113 (1973)
- Roper v. Simmons, 543 U.S. 551 (2005)
- Scott v. Sandford, 19 How. (60 U.S.) 393 (1857)
- Stuart v. Laird, 1 Cranch (5 U.S.) 299 (1803)
- Sutton v. United Airlines, Inc., 527 U.S. 471 (1999)
- Sweatt v. Painter, 339 U.S. 629 (1950)
- Toyota Motor Mfg. v. Williams, 534 U.S. 184 (2002)
- Trump v. Hawaii, 138 S. Ct. 2392 (2018)

〔引用判例〕

・United States v. Lopez, 514 U.S. 549（1995）
・United States v. Morrison, 529 U.S. 598（2000）
・United States v. Nixon, 418 U.S. 683（1974）
・West Virginia v. Environmental Protection Agency, 142 S. Ct. 2587
・Worcester v. Georgia, 31 U.S. 515（1832）
・Young v. United Parcel Service, 135 S. Ct. 1338（2015）
・Youngstown Sheet & Tube Co. v. Sawyer, 343 U.S. 579（1952）

〔文献案内〕

〈総論〉

連邦最高裁判所の包括的な歴史を長官ごとによくまとめている、単巻の書籍で入手可能なものとしては、ピーター・チャールズ・ホッファー、ウィリアムジェームズ・ハル・ホッファー、N・E・H・ハル『連邦最高裁判所：エッセンシャル・ヒストリー The Supreme Court: An Essential History』（カンザス大学出版局、二版、二〇一八年）がある。ロバート・G・マクロスキー『アメリカ連邦最高裁判所 The American Supreme Court』（シカゴ大学出版局、六版、二〇一六年）は、歴史と判例法理の両方を扱う古典的著作である。もともと一九六〇年に出版されたこの本は、サンフォード・レヴィンソンによって大幅に改訂され、六二ページに及ぶ包括的な文献案内を含んでいる。政治学者ローレンス・ボームの『連邦最高裁判所 The Supreme Court』（CQプレス、一五版、二〇二四年）は、「機関としての、そして政策立案者としての任務における」連邦最高裁判所に重点を置くものである。カーミット・L・ホール編『オックスフォード必携アメリカ連邦最高裁判所 The Oxford Companion to the Supreme Court of the United States』（オックスフォード大学出版局）の第二版は、二〇〇五年に出版された。

カーミット・L・ホール&ケヴィン・T・マクガイア編『司法機関 The Judicial Branch』（オックスフォード大学出版局、二〇〇五年）は、「アメリカ民主主義制度 Institutions of American Democracy」シリーズの一冊として出版されたものだが、裁判所と裁判官の行動様式やアメリカの歴史と文化といったより広範なコンテキストの中で連邦最高裁判所とその判事を位置づける第一線の学者の論文を収録している。カーミット・L・ホール＆ジェームズ・W・イーリー・ジュニア編『オックスフォード版アメリカ連邦最高裁判所判例入門 The Oxford Guide to United States Supreme Court Decisions』（オックスフォード大学出版局、二版、二〇〇九年）は、連邦最高裁判所の最も重要な数百の判決を説明する数十人の学者の短い論文をまとめたものである。レーンキスト長官は、連邦最高裁判所の歴史、主要な判決、現在の運営に関するエピソードをまとめた『連邦最高裁判所 The Supreme Court』［邦訳：『アメリカ合衆国最高裁：過去と現在』根本猛訳（心交社、一九九二年）］を一九八七年に出版した。同書の改訂版は、二〇〇一年にランダムハウスから出版されている。この本は最新のものではないが、とても読みやすく魅力的な連邦最高裁判所の入門書であることに変わりはない。

リー・エプスタイン、ジェフリー・A・シーガル、ハロルド・J・スペース、トーマス・G・ウォーカー『連邦最高裁判所概論：データ、判決と発展 The Supreme Court Compendium: Data, Decisions, and Developments』（CQプレス、六版、二〇一五年）には、連邦最高裁判所の歴史、判事、事件数について、データに基づくなら思い浮かぶ疑問のほぼすべてに答える図表が八〇〇ページにわたって掲載されており、連邦最高裁判所と世論の関係についての興味深い資料も記載されている。連邦最高裁判所と世論の関係に全面的に焦点を当てた書籍には、バリー・フリードマン『人民の意思 The Will of the People』（ファラー、ストラウス＆ジロー、二〇〇九年）がある。ニール・デヴィンズ＆ローレンス・ボーム『守るべき仲間：連邦最高裁判所における党派的分裂の経緯 The Company They Keep: How Partisan Divisions Came to the Supreme Court』（オックスフォード大学出版局、二〇一九年）は、アメリカの政治と社会の極端な二極化が連邦最高裁判所そのものに与えた影響に焦点を当てている。

コングレッショナル・クオータリー社の傘下だったCQプレスは、連邦最高裁判所に関する貴重な参考書籍を数冊出版している。その中で最も包括的なものは、デヴィッド・サベージ『アメリカ連邦最高裁判所入門　Guide to the U.S. Supreme Court』（五版、二〇一〇年）である。

連邦最高裁判所に関する二冊の本が大ベストセラーになっている。ボブ・ウッドワード&スコット・アームストロング『ブレザレン：最高裁判所の内部　The Brethren: Inside the Supreme Court』（サイモン&シュスター、一九七九年）［邦訳：『ブレザレン：アメリカ最高裁の男たち』中村保男訳（TBSブリタニカ、一九八一年）］は、バーガー長官の時代の連邦最高裁判所内部の緊張関係を探究したものである。それから約三〇年後、ジェフリー・トゥービン『ザ・ナイン：連邦最高裁判所の秘密の内幕　The Nine: Inside the Secret World of the Supreme Court』（ダブルデイ、二〇〇七年）［邦訳：『ザ・ナイン　アメリカ連邦最高裁の素顔』増子久美・鈴木淑美訳（河出書房新社、二〇一三年）］が大いに売れたのは、一般読者たちがベルベットのカーテンの向こう側を覗きたいという欲求を失っていなかったからだ。私は共著者のマイケル・J・グレッツとともに、『バーガー・コートと右派裁判官の台頭　The Burger Court and the Rise of the Judicial Right』（サイモン&シュスター、二〇一六年）で連邦最高裁判所の右傾化について執筆した。

一般向けではないが、二〇〇四年までの一九年間に出版されたマエヴァ・マーカス編『文書でたどる連邦最高裁判所の歴史一七八九—一八〇〇 The Documentary History of the Supreme Court of the United States, 1789-1800』（コロンビア大学出版局）（全八巻）は、ここで言及するのに値する素晴らしい作品である。このシリーズは、書簡、メモ、訴訟記録、判事たちが巡回中に判決した裁判の報告書などを通して連邦最高裁判所の最初の一〇年間を再構成し、この組織を築き上げようとした初期の判事たちの努力について、比類のない洞察を提供している。第一巻第一節にある、一七九〇年二月一日付の連邦最高裁判所書記官の以下のメモは、前途に待ち受けていた課題を示唆している。「本日は、法律によって指定された、アメリカ連邦最高裁判所の最初の開廷期を開始する日であるが、定足数を満たす十分な人数の判事が招集されていないため、現在出席している判事によって、明日午後一時まで休廷する」。

〈判事〉

連邦最高裁判所判事の伝記をまとめた便利な書籍がいくつかある。定番のものは、レオン・フリードマン&フレッド・L・イスラエル『連邦最高裁判所判事一七八九—二〇一三：その生涯と主要な意見 The Justices of the United States Supreme Court 1789-2013: Their Lives and Major Opinions』（チェルシーハウス、二〇一三年）（全四巻）である。他には、メルヴィン・I・ウロフスキー編『連邦最高裁判所人名事典：判事の生涯と法思想 Biographical Encyclopedia of the Supreme Court: The Lives and Legal Philosophies of the Justices』（CQプレス、二〇〇六年）や、連邦最高裁判所歴史協会（クレア・クッシュマン編）『連邦最高裁判所判事：写真付伝記一七八九—二〇一二

The Supreme Court Justices: Illustrated Biography, 1789–2012』（CQプレス、三版、二〇一三年）がある。

個々の判事の伝記は、ここで紹介しきれないほど多くある。特にマーシャル長官とウォーレン長官、そしてホームズ判事とブランダイス判事については、高く評価されている伝記が複数ある。ノア・フェルドマン『スコーピオンズ：ルーズベルト大統領が任命した偉大な連邦最高裁判所判事たちの戦いと勝利　Scorpions: The Battles and Triumphs of FDR's Great Supreme Court Justices』（トゥエルブ、二〇一〇年）は、フェリックス・フランクファーター判事、ロバート・H・ジャクソン判事、ウィリアム・O・ダグラス判事、ヒューゴ・L・ブラック判事をまとめて扱っている。一九五三年から一九六九年まで連邦最高裁判所長官を務めたアール・ウォーレンについては、ジム・ニュートン『すべての人のための正義：アール・ウォーレンと彼が作った国家　Justice for All: Earl Warren and the Nation He Made』（リバーヘッド・ブックス、二〇〇六年）がある。

最近の判事の伝記については、ジョン・ポール・スティーブンス元判事が九九歳で亡くなる数カ月前の二〇一九年に出版した回顧録から始めなければならない。『判事の資質：はじめの九四年を振り返って　The Making of a Justice: Reflections on My First 94 Years』（リトル・ブラウン、二〇一九年）では、シカゴでの子供時代、暗号解読者としての第二次世界大戦の従軍経験、弁護士のキャリア、そして連邦最高裁判所に在任した三五年（一九七五〜二〇一〇年）の各年の重要判決を取り上げている。

セス・スターン&スティーブン・ワーミエル『ブレナン判事：リベラルの擁護者　Justice Brennan: Liberal Champion』（ホートン・ミフリン・ハーコート、二〇一〇年）は、一九九〇年に退任するまで三三年間在任した判事の私的文書を独占的に活用して執筆したものである。ジョン・C・ジェフリーズ・ジュニア『ルイス・F・パウエル・ジュニア判事 Justice Lewis F. Powell, Jr.』（チャールズ・スクリブナーズ・サンズ、一九九四年）は、一九七二年から一九八七年まで在任した判事の生涯を元ロー・クラークが書いたものである。別の元ロー・クラーク、デニス・J・ハッチンソンも自分が付いた判事の伝記『かつてウィザー・ホワイトだった男：バイロン・R・ホワイト判事の肖像 The Man Who Once Was Whizzer White: A Portrait of Justice Byron R. White』（フリープレス、一九九八年）を執筆し、三一年間という長い判事のキャリアを一九七一年、一九八一年、一九九一年の三期の連邦最高裁判所開廷期に焦点を当てて描くという珍しいアプローチをとった。拙書『ブラックマン判事になる：ハリー・ブラックマンの連邦最高裁判所への旅路 Becoming Justice Blackmun: Harry Blackmun's Supreme Court Journey』（ニューヨーク：ヘンリー・ホルト、二〇〇五年）は、連邦議会図書館に所蔵されている膨大な判事の文書コレクションにほぼ全面的に依拠して、判事の生涯とキャリアを振り返っている。クレイグ・ブラッドリー編『レーンキスト長官の功績 The Rehnquist Legacy』（ケンブリッジ大学出版局、二〇〇六年）は、在職中の二〇〇五年に亡くなったウィリアム・レーンキスト長官の経歴についてのエッセイ集である。

連邦最高裁判所のジャーナリストとして長年活躍してきたジョーン・ビスクピッチは、取材対象への詳細なインタビューに基づいて、判事の伝記を四冊執筆した。それらは、『サンドラ・デイ・オコナー：連邦最高裁判所初の女性判事がいかにして最も影響力のある判事になったか Sandra Day

O'Connor: How the First Woman on the Supreme Court Became Its Most Influential Justice』（ハーパーコリンズ、二〇〇五年）、『アメリカン・オリジナル：連邦最高裁判所判事アントニン・スカリアの生涯と憲法　American Original: The Life and Constitution of Supreme Court Justice Antonin Scalia』（ファラー、ストラウス&ジロー、二〇〇九年）、『参画：ソニア・ソトマイヨールの栄達と公平という政治　Breaking In: The Rise of Sonia Sotomayor and the Politics of Justice』（ファラー、ストラウス&ジロー、二〇一四年）、『ザ・チーフ：ジョン・ロバーツ長官の人生と激動の時代　The Chief: The Life and Turbulent Times of Chief Justice John Roberts』（ベーシック・ブックス、二〇一九年）である。オコナー判事の生涯を扱ったもっと最近の作品は、エバン・トーマス『ファースト：サンドラ・デイ・オコナー　First: Sandra Day O'Connor』（ランダムハウス、二〇一九年）である。オコナー判事は、アリゾナ州の人里離れた牧場で過ごした子供時代を綴った魅力的な回顧録『レイジーB：アメリカ南西部の牧場の幼き日々　Lazy B: Growing Up on a Cattle Ranch in the American Southwest』（ランダムハウス、二〇〇二年）を、兄のH・アラン・デイと共著で出版した。だがスティーブンス判事とは異なり、オコナー判事は連邦最高裁判所でのことを書くことはなかった。連邦最高裁判所の判事になる前に回想録を出版した他の二人の判事も同様である。ソトマイヨール判事の『私の愛する世界　My Beloved World』（ランダムハウス、二〇一三年）［邦訳：『私が愛する世界』長井篤司訳（亜紀書房、二〇一八年）］は大ベストセラーとなり、クラレンス・トーマス判事の『祖父の息子：回想録　My Grandfather's Son: A Memoir』（ハーパーコリンズ、二〇〇七年）は、彼の生い立ちと直面した困難を綴ったものである。ワシントン・ポスト紙の二人の記者ケヴィン・メリダとマイケル・フレッチャーは、トーマス判事の経歴をより包括的に描いた『最高の不快：引き裂かれたクラレンス・トーマスの魂　Supreme Discomfort: The Divided Soul of Clarence Thomas』（ダブルデイ、二〇〇七年）を出版した。政治学者のコーリー・ロビンは、『クラレンス・トーマスの謎　The Enigma of Clarence Thomas』（ヘンリー・ホルト／メトロポリタン・ブックス、二〇一九年）でトーマス判事の法思想のルーツを探っている。ルース・ベイダー・ギンズバーグ判事に対する国民の強い関心は、彼女の人生を描いた二本の長編映画と、ジェーン・シェロン・デ・ハート『ルース・ベイダー・ギンズバーグ：その生涯　Ruth Bader Ginsburg: A Life』（アルフレッド・A・クノップフ、二〇一八年）などいくつかの伝記を生み出した。

カール・ハルス『承認バイアス：連邦最高裁判所をめぐるワシントンでの戦いの内側、スカリアの死からキャバノー判事まで　Confirmation Bias: Inside Washington's War Over the Supreme Court, From Scalia's Death to Justice Kavanaugh』（ハーパー／ハーパーコリンズ、二〇一九年）は、連邦最高裁判所判事の承認をめぐる政治でコンセンサスが崩壊したことをテーマにしている。二冊の本が、二〇一八年に特に論争の的となったキャバノー判事の承認を検証している。それはルース・マーカス『至上の野心：ブレット・キャバノーと保守派の掌握　Supreme Ambition: Brett Kavanaugh and the Conservative Takeover』（サイモン&シュスター、二〇一九年）とロビン・ポグレビン&ケイト・ケリー『学生時代のブレット・キャバノー：ある調査　The Education of Brett Kavanaugh: An Investigation』（ペンギン・ランダムハウス、二〇一九年）である。ジャッキー・カルムズ『反対：共和党の急進化と連邦最高裁判所の掌握　Dissent: The Radicalization of the Republican

Party and Its Capture of the Court』（トゥエルブ、二〇二一年）は、キャバノーのエピソードを用いて、共和党の連邦最高裁判所支配の達成という見解を構成している。拙書『瀬戸際の正義：ルース・ベイダー・ギンズバーグの死、エイミー・コニー・バレットの栄達、そして最高裁判所を変えた一二か月　Justice on the Brink: The Death of Ruth Bader Ginsburg, the Rise of Amy Coney Barrett, and Twelve Months that Transformed the Supreme Court』（ペンギン・ランダムハウス、二〇二一年）はバレットの指名とそれに続く連邦最高裁判所の開廷期を扱ったものである。（二〇二二年のペーパーバック版では「連邦最高裁判所へのレクイエム」という新しい副題がついている。）

判事の承認プロセスを扱う著名な見解として、クリストファー・L・アイスグルーバー『次の判事：連邦最高裁判所判事の任命プロセスの修復　The Next Justice: Repairing the Supreme Court Appointments Process』（プリンストン大学出版局、二〇〇七年）を挙げることができ、この本は「判事の仕事をよく理解していなければ、アメリカ人は誰を選べばよいのか、大統領が提案する候補者をどう評価すればよいのかわからない」という、目立たないが見過ごされがちな前提から議論を始めている。このテーマの古典的著作はヘンリー・J・エイブラハム『判事、大統領、上院議員：ワシントンからクリントンまでのアメリカ連邦最高裁判所判事任命の歴史　Justices, Presidents, and Senators: A History of the U.S. Supreme Court Appointments from Washington to Clinton』（ロウマン&リトルフィールド）で、一九七四年に『判事と大統領　Justices and Presidents』というタイトルで出版され、二〇〇七年に第五版が出版された。このテーマに政治学を取り入れた最初の本の一つが、高く評価されているデヴィッド・アリスター・ヤロフ『判事を探して：大統領の政治と連邦最高裁判所判事候補者の選択 Pursuit of Justices: Presidential Politics and the Selection of Supreme Court Nominees』（シカゴ大学出版局、一九九九年）である。リー・エプスタインとジェフリー・A・シーガルも、『助言と同意：裁判官任命の政治学 Advice and Consent: The Politics of Judicial Appointments』（オックスフォード大学出版局、二〇〇五年）で、政治学的な見地からこの問題を扱っている。

連邦最高裁判所ロー・クラークの役割に対する国民の関心は、次の二冊の本、トッド・C・ペッパーズ『大理石宮殿の廷臣：連邦最高裁判所のロー・クラークの台頭と影響 Courtiers of the Marble Palace: The Rise and Influence of the Supreme Court Law Clerk』（スタンフォード大学出版局、二〇〇六年）とアルテマス・ウォード&デヴィッド・L・ウェイデン『魔法使いの弟子たち：連邦最高裁判所ロー・クラークの一〇〇年 Sorcerers' Apprentices: 100 Years of Law Clerks at the U.S. Supreme Court』（ニューヨーク大学出版局、二〇〇六年）に反映されている。

H・W・ペリー・ジュニア『判決するという決断：連邦最高裁判所における上訴受理 Deciding to Decide: Agenda Setting in the United States Supreme Court』（ハーヴァード大学出版、一九九一年）は、連邦最高裁判所の判事たちがどのように事件を選別し、係属事件一覧を作成するかについての古典的な研究である。政治学者である著者の判事とそのロー・クラーク（発言は引用されるが、名前は特定されていない）に対する広範なインタビューに基づく同書は、二〇年以上前の連邦最高裁判所の内情を反映するものである。それでもなお、連邦最高裁判所内部の力学についての本書の見解は、依然として価値がある。

判事たちが審査すると判断した事件を実際にどのように決定しているのかについて検討する政治学の文献は大量にある。リー・エプスタイン&ジャック・ナイト『判事が下す選択 The Choices Justices Make』（CQプレス、一九九八年）は、政策目標を達成しようとする判事の戦略的行動を検証している。バーナード・シュワルツ『判決：連邦最高裁判所はどのように事件を決定するか Decision: How the Supreme Court Decides Cases』（オックスフォード大学出版局、一九九六年）は、理論よりもナラティヴに依拠し、内部メモと判決の未公開草稿を活用して、連邦最高裁判所の一連の仕事ぶりを描いている。主に学生を対象としたケヴィン・T・マクガイア『連邦最高裁判所を理解する：判決と議論 Understanding the U.S. Supreme Court: Cases and Controversies』（マグロウ・ヒル、二〇〇二年）は、四つの判例と二つの承認をめぐる熾烈な争いを取り上げて、連邦最高裁判所がどのように機能し、アメリカ人の生活でどのような役割を果たしているかを説明するという、独特なアプローチをとっている。リチャード・A・ポズナー『裁判官はいかに考えるか How Judges Think』（ハーヴァード大学出版、二〇一〇年）は特に連邦最高裁判所に焦点を当てるものではないが、連邦控訴裁判所裁判官を引退し、長年法学教授を務めた著者は、どの裁判所にも当てはまる洞察を提供している。

〈憲法解釈〉

憲法理論に関する書籍はロー・スクールの図書館の書棚を埋め尽くしており、このテーマは本書の範囲を大きく超えるものである。しかしそれほど昔ではない頃に、二人の現職判事が公共の場に登場し、そしてテレビなどに出演して、憲法解釈に関する異なる独自のビジョンを議論したという異例な出来事も無視すべきではない。まずスカリア判事が『法解釈の問題：連邦裁判所と法 A Matter of Interpretation: Federal Courts and the Law』（プリンストン大学出版局、一九九七年）〔邦訳：『法解釈の問題』高畑英一郎訳（勁草書房、二〇二三年）〕を出版した。そしてブライヤー判事が続き、最初に『アクティブ・リバティ：わが民主憲法の解釈 Active Liberty: Interpreting Our Democratic Constitution』（アルフレッド・A・クノップ、二〇〇五年）、次に『われらの民主主義を機能させる：裁判官の見解 Making Our Democracy Work: A Judge's View』（アルフレッド・A・クノップ、二〇一〇年）〔邦訳：『アメリカ最高裁判所——民主主義を活かす』大久保史郎監訳（岩波書店、二〇一六年）〕、さらに『連邦最高裁判所の権威と政治の危機 The Authority of the Court and the Peril of Politics』（ハーヴァード大学出版局、二〇二一年）を出版した。

憲法の主要な論点と議論を簡潔かつ包括的に紹介しているのが、オックスフォード版アメリカ法入門シリーズのマイケル・C・ドーフ&トレバー・W・モリソン『憲法 Constitutional Law』（オックスフォード大学出版局、二〇一〇年）である。オックスフォード大学出版局の「一冊でわかる Very Short Introductions」シリーズには、デヴィッド・J・ボーデンハマー『アメリカ合衆国憲法 The U.S. Constitution: A Very Short Introduction』（オックスフォード大学出版局、二〇一九年）がある。リー・エプスタイン&トーマス・G・ウォーカー『変容するアメリカと憲法 Constitutional Law for a Changing America』（CQプレス、一〇版、二〇一八—二〇二〇年）は長大であるものの、連邦最高裁判所の判決を通じて憲法理論がどのように発展してきたかを概観するのに役立つ。大学の学部の授業向けだが、この本の『権利、自由、正義 Rights, Liberties, and Justice』と『国家機関の権力と制約 Institutional Powers and Constraints』の二巻は、それ以外の読者を十分満足させるほど精緻である。著者たちは、二次資料や独自の説明で、引用した多くの判決の背景など有益な情報を提供する。ハーヴァード大学の著名な法学教授ローレンス・レッシグは、その重要な著作『忠実性と制約：連邦最高裁判所はアメリカ憲法をどのように理解してきたか Fidelity & Constraint: How the Supreme Court Has Read the American Constitution』（オックスフォード大学出版局、二〇一九年）で、憲法解釈を社会的政治的変化と整合させる長年の連邦最高裁判所の経験を検証した。ジョン・ポール・スティーブンス判事はその著作『修正六条：憲法を変える方法と理由 Six Amendments: How and Why We Should Change the Constitution』（リトル・ブラウン、二〇一四年）の中で、憲法そのものについての見解を述べた。死刑の廃止、修正二条の制限、政治的ゲリマンダリングの抑制などの憲法修正案を提案するこの本には、憲法には改善が必要であり、憲法をより良いものにする努力は憲法を尊重することだという二つのメッセージが込められている。

〔ウェブサイト〕

連邦最高裁判所のウェブサイト〈**www.supremecourt.gov**〉は、使いやすく、継続的に更新される情報源である。判決と決定表は、公表後数分以内に掲載される。連邦最高裁判所は、上訴申立てを受理した場合、上訴申立書を下級審の判決とともに電子版係属事件一覧に掲載する。その後の提出書類のすべては連邦最高裁判所が受領後すぐに掲載し、判事が受理を退けた事件も含め、事件の経過を追う人には貴重な情報源となる。口頭弁論の記録は、弁論終了の数時間後に掲載される。開廷期の毎週金曜日に、連邦最高裁判所はその週に行われたすべての弁論の音声を掲載する。

イリノイ工科大学／シカゴ・ケント大学ロー・スクール、コーネル大学法律情報研究所およびJustiaという組織が共同で運営する**Oyez Project**のウェブサイト〈**www.oyez.org**〉は、現在と過去のさまざまな資料をマルチメディア形式で提供する無料のリソースである。もう一つの無料サイト**Scotusblog**〈**www.scotusblog.com**〉(「Scotus」は「アメリカ連邦最高裁判所Supreme Court of the United States」の頭文字使った略語で広く使用されている）は、最近の判決を分析し、連邦最高裁判所の上訴申立書や趣意書を掲載し、同裁判所に関するニュースと解説を毎日まとめて提供している。**Scotusblog**はまた、法学論文を不定期に掲載し、重要な判決に関するオンラインのシンポジウムを主催している。

訳者あとがき

本書は、Linda Greenhouse, The U.S. Supreme Court: A Very Short Introduction（3d. ed. 2023）の完訳である。本書はオックスフォード大学出版局が刊行している「一冊でわかるA Very Short Introduction」シリーズの一冊であり、二〇一二年に初版が、二〇二〇年に二版が出版された。「一冊でわかる」シリーズは、政治経済から宗教学、文芸、文学、科学の各分野についてコンパクトに概説するもので、すでに七〇〇タイトル以上が刊行されている。本書はその中で、アメリカの連邦最高裁判所を紹介するものである。

アメリカの国家制度は連邦制であり、中央政府に当たる連邦政府の権限が限定されている点に特徴がある。これは、イギリスから独立した一三の邦（旧植民地）が連合して合衆国を設立した歴史的経緯に基づく。国家としての要素をすべて備える州の上位に外交や国防など限られた問題を扱う連邦が存在するというのが、アメリカの制度である。そのため司法に関しては、州裁判所と連邦裁判所が並立することになり、本書第二章でも論じているように州と連邦の裁判所の裁判権が抵触することが大きな問題となる。この裁判権の抵触問題は連邦裁判所の歴史を通じて常に議論されてきたのであって、連邦最高裁判所の憲法解釈とも関連して展開してきた。現在、合衆国憲法はアメリカの人権保障の最低水準を示すと理解されており、その内容は全国に及ぶと認識されているが、これは建国時の理解とは異なる。当初、人権規定を含む合衆国憲法は連邦政府のみを拘束し州には及ばないと理解されていた。だが、一九世紀末から連邦最高裁判所は合衆国憲法を州に適用するようになり、その人権規定は各州に及ぶという理解が確立した。この人権規定を州に適用する考えを「編入理論」という。南北戦争後南軍のように反乱を起こす州を抑制するために、憲法の改正が行われた。その一つが修正一四条であり、適正な手続を経ない人民の生命、自由、財産の制限を州に禁止する。ここにいう「自由」は既存の人権を包含すると理解され、修正一四条を通じて合衆国憲法の人権規定を州に適用しようとするのがこの理論の核心である。この編入理論の確立により合衆国憲法への関心は高まることになり、さらにはそれを最終的に解釈して人権保障の実際を決定する連邦最高裁判所の判決に注目が集まるようになったのである。

アメリカの連邦最高裁判所に対する注目が今日でも高いのは、それが人々の生活に大きな影響を及ぼすことがあるからだ。二〇二二年に連邦最高裁判所は、妊娠中絶の権利に対する憲法上の保護を否定し、この権利の保障は各州が決定すると判決した（ドブス判決）。女性の選択の権利を象徴する妊娠中絶の権利は、グリーンハウスも触れているように、アメリカでは約五〇年憲法上の権利として保障されてきた。それを、大方の予想通りとはいえ、一つの判決で覆したのである。同じように長年の政策を否定した判決に、二〇二三年のＳＦＦＡ対ハーヴァード大学判決（Students for Fair Admissions v. President and Fellows of Harvard College）がある。この判決では、一九六〇年代から採用されていたアファーマティブ・アクションを大学の入学選考で用いるのは平等原則に反すると結論した。妊娠中絶の権利も入学選考でのアファーマティブ・アクションも長年批判されてきた問題であり、こうした判決は保守派から期待されていたとはいえ、連邦最高裁判所はアメリカ人の生活を大きく変更したのである。

本書は連邦最高裁判所について、その歴史、長官や判事の任務、扱う事件の性質、事件を選別するプロセスなどを簡潔かつ的確に解説する。国家権力を担当する三つの機関の一つでありながら、一九三五年まで独自の庁舎を確保することがなかったことは、あまり知られていない事実であろう。一九二五年には、現在の連邦最高裁判所を形づくる裁量上訴制が導入された。本書はこの二つを推進したタフト長官を大きく評価しているが、この点は類書には見られない特徴と言える。連邦最高裁判所長官では、司法審査権（違憲立法審査権）を確立したマーシャルや、多くのリベラルな判決を下して一時代を画したウォーレン、連邦最高裁判所の保守的傾向を明確にしたレーンキストに焦点を当てるのが一般的だからだ。本書はまた、発足初期の判事たちが連邦最高裁判所判事の地位を政治的ステップアップの一つとみなし、他の政治的ポストに就任するためにあっさり辞任する様子を描いて、連邦最高裁判所の立ち位置そのものを示そうとしている。連邦機関の中では重要視されず、判事の地位も最終目標とは認識されていなかったのである。このような認識は二〇世紀になっても見られ、ポツダム宣言受諾に対する「バーンズ回答」を発表したジェームズ・F・バーンズは国務長官に就任する前に連邦最高裁判所判事を一年務めていたことがある。ケネディ大統領が任命したアーサー・J・ゴールドバーグも、一九六五年に国連大使就任のため判事を辞任している。ゴールドバーグの辞任以降、判事が別の地位に転身するために辞任するケースはなくなるが、それは夫婦の間での避妊具の使用を認めてプライバシー権を確立した一九六五年のグリズウォルド対コネチカット州判決（Griswold v. Connecticut）や女性の妊娠中絶の権利を認めたロー判決が下された時期でもあった。社会を二分するような判決を下し、人々の関心を集めることで、連邦最高裁判所は自らの地位を上昇させ、判事たちもその地位に魅力を感じるようになったといえるかもしれない。

本書のもう一つの特徴は、充実した文献案内を掲載していることだ。そこでも紹介したように、いくつかは日本語に翻訳されているので、関心のある読者は手に取ってもらいたい。その他に、連邦最高裁判所そのものに関する日本語の文献として、少し古いが大越康夫『アメリカ連邦最高裁判所』（東信堂、二〇〇二年）がある。アメリカの連邦裁判所制度全般については、田中英夫『英米の司法』（東京大学出版会、一九七三年）と浅香吉幹『現代アメリカの司法』（東京大学出版会、一九九九年）が参考になる。連邦最高裁判所の内実を描いたものには、文献案内で紹介した訳書（『ブレザレン』『ナイン』）のほかに、レナード・W・リーヴィ『最高裁の逆流』古賀正義ほか訳（ぎょうせい、一九八一年）がある。アメリカ法全般を解説するものとしては、丸山英二『入門アメリカ法』三版（弘文堂、二〇一三年）や岩田太ほか『基礎から学べるアメリカ法』（弘文堂、二〇二〇年）が、アメリカ憲法を詳述するものとして松井茂記『アメリカ憲法入門』九版（有斐閣、二〇二三年）、樋口範雄『アメリカ憲法』二版（弘文堂、二〇二一年）が参考になる。アメリカ法は多くの判例を通して形成されているため、判例に対する理解も必要となる。その手引きとして、樋口範雄ほか編『アメリカ法判例百選』（有斐閣、二〇一二年）を挙げておきたい。本書を通してアメリカ法に興味を持たれた読者には、これらの書籍に目を通すことを勧めたい。

本書を執筆したリンダ・グリーンハウスは、三〇年近くニューヨーク・タイムズ紙で連邦最高裁判所担当の記者を務め、現在はイェール大学ロー・スクールで連邦最高裁判所論などを教えている。一九九八年には、連邦最高裁判所を長年報道してきたことに対して、ピューリッツァー賞優秀報道部門賞を受賞した。その著作は、本書以外にも Justice on the Brink: A Requiem for the Supreme Court（2021）; Just a Journalist: On the Press, Life, and the Spaces Between（2017）; The Burger Court and the Rise of the Judicial Right（with Michael J. Graetz）（2016）; Before Roe v. Wade: Voices That Shaped the Abortion Debate Before the Supreme Court's Ruling（with Reva B. Siegel）（2d ed. 2012）; Becoming Justice Blackmun: Harry Blackmun's Supreme Court Journey（2005）がある。

本書は二〇二二年までの連邦最高裁判所をカバーしているが、それ以降も連邦最高裁判所をめぐって動きがあった。二〇二三年四月ごろから、トーマス判事やアリート判事が長年保守派の富豪たちから接待を受けていたことが報じられた。このような疑惑をうけて、連邦最高裁判所は一一月に連邦最高裁判所判事倫理規定（Code of Conduct for Justices of Supreme Court of the United State）を制定した。しかしこの倫理規定には、違反に対するペナルティが定められていないという問題が指摘されている。二〇二三年一〇月連邦議会上院に連邦最高裁判所判事の実質的増員を図る法案（Supreme Court Biennial Appointments and Term Limits Act of 2023）が提出された。上院司法委員会に付託されたが、二〇二四年七月末時点では具体的審議は行われていないようである。二〇二四年三月、連邦最高裁判所は二〇二一年一月六日の連邦議会議事堂襲撃事件に加担したといわれるトランプ前大統領の立候補を州が制限することはできないと判決し（トランプ対アンダーソン判決（**Trump v. Anderson**））。二〇〇〇年のブッシュ対ゴア判決以来、再び政治的に重要な判決を下した。第六章でも触れた、行政当局の選択に対する連邦最高裁判所の伝統的な「敬譲」は、同年六月のローパー・ブライト・エンタープライズ対ライモンド判決（**Loper Bright Enterprises v. Raimondo**）で否定されることになった。七月には、大統領の公務遂行に刑事免責を認める判決（トランプ対合衆国（**Trump v. United States**））を下している。このように、連邦最高裁判所の動向はアメリカのみならず世界の注目を集めるのであって、その重要性はいっそう増しているといえよう。本書がその注目や関心に応えるものとなるなら幸いである。

本書では分かりやすい翻訳を心がけたため、原文が示す意味の範囲内で、日本語として意味が通ることを優先した部分が少なくない。また、読者に必要な情報を補うために訳注をつけている。

最後に、勁草書房の山田政弘氏には、企画から編集までサポートしていただき、有益なアドバイスを多くいただいた。あらためて厚く御礼を申し上げる。

二〇二四年七月

訳　者

■著者

リンダ・グリーンハウス（Linda Greenhouse）
ジャーナリスト、イエール大学講師、元ニューヨーク・タイムズ紙記者（連邦最高裁判所担当）

■訳者

高畑　英一郎（たかはた・えいいちろう）
1967 年生まれ。日本大学法学部教授。成城大学卒業、米国ジョージア大学ロースクール修了（LL.M.）、日本大学大学院法学研究科博士後期課程満期退学。共著に『憲法用語の源泉をよむ（三省堂、2016 年）、『ロバーツコートの立憲主義』（成文堂、2017 年）、訳書に『法解釈の問題』（勁草書房、2023 年）、『ルース・ベイダー・ギンズバーグ　アメリカを変えた女性』（晶文社、2022 年）（共訳）がある。

索　引

※ 原著の INDEX を基に作成し，50 音順に並べ替えた。

■英数字

1964 年市民的権利法　Civil Rights Act of 1964……81
「4 名賛成の原則」 "rule of four" ……69
UPS 社　United Parcel Service……26–28

■ア　行

アダムズ、ジョン　Adams, John……12–14, 115, *xxiv*
アトキンス対ヴァージニア州判決　*Atkins v. Virginia* (2002) ……106, 111, 126
アファーマティブ・アクションに関する判決　affirmative action cases
　オコナー判事との関係　and Justice O'Connor……97
　「グラッター対ボリンジャー判決」「フィッシャー対テキサス大学判決」参照
　　See also Grutter v. Bollinger (2003); Fisher v. University of Texas (2013)
アブード対デトロイト教育委員会判決　Abood v. Detroit Board of Education (1977) ……72–73
アラバマ大学理事会対ガーレット判決　*Board of Regents of the University of Alabama v. Garrett* (2003) ……86–87
アリート、サミュエル・A、ジュニア　Alito, Samuel A. Jr.……36, 42, 72, 79, 81–82, 101, 118
育児介護休業法　Family and Medical Leave Act……87
医師のほう助による自殺　Physician-assisted suicide cases……98–99
一般教書演説　State of the Union speech……78–80
「イデオロギー的傾向の転換」 "ideological drift" ……46, 117
移民国籍法　Immigration and Nationality Act……92
ウィルソン、ジェイムズ　Wilson, James……7, 10–11, *xxiv*
ヴィンソン、フレデリック・M　Vinson, Fred M.……59, *xxix*
ウェストヴァージニア州対環境保護庁判決　*West Virginia v. Environmental Protection Agency* (2022) ……30

ウェブサイト　websites……75, 143
ウォーレン、アール　Warren, Earl……36-37, 47, 49, 59-60, 134, *xxix*
ウォーレン長官の時代の連邦最高裁判所　Warren Court（1953-69）……36-37, 59
エスクリッジ、ウィリアム・N、ジュニア　Eskridge, William N. Jr.……122
エプスタイン、リー　Epstein, Lee……98, 117, 123, 131, 139
エルスワース、オリバー　Ellsworth, Oliver……7, 12, *xxiv*
王立取引所　Royal Exchange building……8-9
オーバーゲフェル対ホッジス判決　*Obergefell v. Hodges*（2015）……17, 20
オコナー、サンドラ・デイ　O'Connor, Sandra Day……38, 135-136, *xxx*
　アファーマティブ・アクションについての見解　affirmative action views……97
　イデオロギー的傾向の転換　ideological drift……46, 95, 117-118
　引退　retirement……36
　国民の信頼について　on public trust……95, 123
　妊娠中絶の権利について　on abortion rights……101-102
　任命　appointment of……35
オバマ、バラク　Obama, Barack……43, 78-81
オレゴン州人材開発省雇用局対スミス判決　*Employment Division, Department of Human Resources of Oregon v. Smith*（1990）……85

■カ　行

カードーゾ、ベンジャミン・N　Cardozo, Benjamin N.……95, 123, *xxviii*
ガーランド、メリック　Garland, Merrick……34, 43
カイヴィグ、デヴィッド・E　Kyvig, David E.……118
外国の裁判所　foreign courts
　アメリカの裁判所への影響　influence on U.S. courts……112-114, 124-125
　全員一致で判決するという規範　norm of unanimity……110-111
　任期　tenures……110
　連邦最高裁判所の口頭弁論での引用　oral arguments in Supreme Court citing of……112-114
合衆国憲法１条　Article I（Constitution）……5
合衆国憲法２条　Article II（Constitution）……5, 89-90
合衆国憲法３条　Article III（Constitution）
　事件争訟性の要件　case-and-controversy requirement……17, 30-31
　条文　text of……*xix-xx*
　判事の終身任期制との関係　on life tenure for justices……34-35, 110
　連邦最高裁判所長官との関係　on chief justices……5, 51
　連邦最高裁判所への司法権の付与　vesting of judicial power in Supreme Court

……4-6, 11, 15, *xix*
「憲法」参照　*See also* Constitution
学校隣接区域銃規制法　Gun-Free School Zones Act……84
合衆国議会、「連邦議会」参照　U.S. Congress. *see* Congress
合衆国憲法　Constitution
起草　drafting of……3-6
批准　ratification……6
「合衆国憲法１条」「合衆国憲法２条」「合衆国憲法３条」「憲法解釈」参照　*See also* Article I; Article II; Article III; constitutional interpretation
合衆国裁判所事務局　Administrative Office of the U.S. Courts（A.O.）……57
合衆国司法会議　Judicial Conference of the United States……52, 57-58, 78, 112
合衆国対ニクソン判決　*United States v. Nixon*（1974）……56, 88
合衆国対モリソン判決　*United States v. Morrison*（2000）……58, 86
合衆国対ロペス判決　*United States v. Lopez*（1995）……84
カッツマン、ロバート　Katzmann, Robert……117
カルムズ、ジャッキー　Calmes, Jackie……137
環境保護庁　Environmental Protection Agency……29-31
勧告的意見　advisory opinions……7-8, 30
患者保護並びに医療費負担適正化法（「オバマケア法」）　Affordable Care Act（"Obamacare"）……19, 87, 91
キメル対フロリダ州立大学理事会判決　*Kimel v. Florida Board of Regents*（2000）……86-87
キャバノー、ブレット・M　Kavanaugh, Brett M.……36, 44-45, 137, *xxx*
ギャラップ社の調査　Gallup Poll……101
行政機関に対する訴訟　administrative agencies, cases (involving)……29-32
極刑判決、「死刑判決」参照　capital punishment cases, *see* death penalty cases
ギルバート、キャス、シニア　Gilbert, Cass Sr.……63
ギンズバーグ、ルース・ベイダー　Ginsburg, Ruth Bader……35-36, 38, 79, 137-138, *xxx*
死去　death……44-45
承認にかかる上院司法委員会の聴聞会　confirmation hearing……40-42
判事たちの多様な出自　and Court diversity……35-36
レッドベター対グッドイヤー・タイヤ＆ラバー社判決について　on *Ledbetter v. Goodyear Tire*……81-82
グアンタナモ湾米軍基地拘禁問題　Guantanamo Bay controversy……89-91, 115
クッシング、ウィリアム　Cushing, William……6-7, 12, *xxiv*
クッシング、ハンナ　Cushing, Hannah……6-7

グッドリッジ対州公衆衛生省判決　*Goodridge v. Department of Public Health* (2003) ……17
クラーク、トム・C　Clark, Tom C.……37, *xxix*
グラッター対ボリンジャー判決　*Grutter v. Bollinger* (2003) ……97
クラムトン、ロジャー・C　Cramton, Roger C.……118
グラント、ユリシーズ・S　Grant, Ulysses S.……34
グリーンハウス、リンダ　Greenhouse, Linda……124, 138
クリントン、ビル　Clinton, Bill……42, 51, 88, 119
クリントン対ジョーンズ判決　*Clinton v. Jones* (1997) ……88
グレッツ、マイケル・J　Graetz, Michael J.……124, 132
グロシップ対グロス判決　*Glossip v. Gross* (2018) ……114
ゲイ、チャールズ・ガードナー　Geyh, Charles Gardner……122
ケイガン、エレナ　Kagan, Elena……35–36, 38, 43, 66, 72, 93, *xxx*
ケネディ、アンソニー・M　Kennedy, Anthony M.……79, *xxx*
　引退　retirement of……44
　グアンタナモ湾米軍基地拘禁問題について　on Guantanamo Bay……90
　ケネディ対ルイジアナ州判決について　on *Kennedy v. Louisiana*……105–106
　その議論　controversy……40, 90, 115
　妊娠中絶の権利について　on abortion rights……39–40, 101–102
　任命　appointment of　39–40
　バーニー市対フローレス判決　on *City of Boerne v. Flores*……86
　リー対ワイズマン判決について　on *Lee v. Weisman*……55–56, 117–118, 120
ケネディ、ジョン・F　Kennedy, John F.……46
ケネディ対ルイジアナ州判決　*Kennedy v. Louisiana* (2008) ……105–106
原告適格　Standing (to sue) ……30–32
憲法解釈　constitutional interpretation……19–24
憲法制定会議　Constitutional Convention……4–5, 7
憲法の原意　original understanding……23–24
権利章典　Bill of Rights……11, 22
言論の自由に関する判決　free speech cases……71–72
口頭弁論　oral arguments
　外国の判決の引用　in foreign courts……113–114
　連邦最高裁判所　Supreme Court……64–68, *xxii–xxiii*
　「連邦最高裁判所の審理」参照　*See also* Supreme Court review
コーカー対ジョージア州判決　*Coker v. Georgia* (1977) ……105
ゴーサッチ、ニール・M　Gorsuch, Neil M.……36, 44, 92, *xxx*
国勢調査、「商務省対ニューヨーク州判決」参照　Census, *see Department of*

Commerce v. New York
国連子どもの権利条約　United Nations Convention on the Rights of the Child……112
雇用機会均等委員会　Equal Employment Opportunity Commission……25
雇用差別、「レッドベター対グッドイヤー・タイヤ＆ラバー社判決」「リリー・レッドベター公正賃金法」「ヤング対UPS判決」参照　employment discrimination. *See Ledbetter v. Goodyear Tire & Rubber Co., Inc.*; Lilly Ledbetter Fair Pay Act; *Young v. United Parcel Service*
コロンビア特別区対ヘラー判決　*District of Columbia v. Heller* (2008) ……20, 22

■サ　行

『ザ・フェデラリスト』　*Federalist Papers*……4, 7
裁判官の法律、「1925年裁判所法」参照　Judges' Bill, *see* Judiciary Act of 1925
裁判権陳述書（権利上訴にかかる）　jurisdictional statements (on mandatory jurisdiction) ……68–69
裁判所からの裁判権はく奪、「連邦議会」参照　Court-stripping. *see* Congress
裁判所法　Judiciary Acts
　1789年裁判所法　1789 (Judges' Bill) ……6, 14–15, 33, 53
　1801年裁判所法　1801 (Judges' Bill) ……16
　1925年裁判所法（裁判官の法律）　1925 (Judges' Bill) ……60–61, 120
　司法制度改革法案（連邦最高裁判所抱き込み計画）　Judiciary Reorganization Bill (court-packing plan) ……83
裁量上訴受理令状　writ of certiorari
　関連規則　rules for……69, 116, *xxi–xxii*
　定義の内容　defined……53, 60–61, 69
　統計　statistics……18
サットン対ユナイテッド航空判決　*Sutton v. United Airlines, Inc.* (1999) ……26
ジェイ、ジョン・　Jay, John……7, 11–23, 115, *xxiv*
ジェファーソン、トーマス　Jefferson, Thomas……7, 13, 49, 109, 124, *xxiv*
死刑判決　death penalty cases……105–106, 112–114
シチズンズ・ユナイテッド対連邦選挙委員会判決　Citizens United v. Federal Election Commission (2010) ……78–79
市民的権利法第7編　Title VII of Civil Rights Act……81
ジャクソン、アンドリュー　Jackson, Andrew……88, 122, *xxv*
ジャクソン、ケタンジ・ブラウン・　Jackson, Ketanji Brown……35, 45, *xxxi*
ジャクソン、ロバート・H・　Jackson, Robert H.……33, 37, 47, 89–90, 134, *xxviii*
ジャナス対AFSCME判決　*Janus v. American Federation of State, County, and*

Municipal Employees（2018）……72
趣意書　briefs……56-57, 75-76, 104-105, 143, *xxii*
「法廷助言者からの趣意書」参照　*See also* amicus curiae briefs
州　states
州裁判所における司法審査　judicial review in……7, 69
訴訟免責　immunity from suit……11
銃、「コロンビア特別区対ヘラー判決」参照　Guns, *see* District of Columbia v. Heller; Second Amendment
州際通商条項　Commerce Clause……19, 84, 86
修正 1 条　First Amendment……20, 22, 72, 78, 85
修正 2 条　Second Amendment……20, 22-23
修正 4 条　Fourth Amendment……20
修正 8 条　Eighth Amendment……106, 112
修正 11 条　Eleventh Amendment……11
修正 14 条　Fourteenth Amendment……20-21, 84, 86, 146
「重要問題」の法理　"Major questions" doctrine……92
巡回区上席裁判官会議　Conference of Senior Circuit Judges……57-58
巡回裁判所　circuit courts
現在の巡回裁判所の設立（エヴァーツ法）　establishment of modern circuits（Evarts Act）……7
巡回区上席裁判官会議　Conference of Senior Circuit Judges……57-58
連邦最高裁判所判事の役割　role of Supreme Court justices in……7, 10, 115-116
障がいのあるアメリカ人法　Americans with Disabilities Act……25-27
商業取引所　Merchants Exchange building……8-9
上訴申立て、「裁量上訴受理令状」参照　cert petitions. *see* writ of certiorari
傷病兵年金法　Invalid Pensions Act……10
条文解釈　textual interpretation……23-24
商務省対ニューヨーク州判決　*Department of Commerce v. New York*（2019）……88
訟務長官　Solicitor General……66, 105-106
職場での妊婦差別、「ヤング対 UPS 判決」「妊娠差別禁止法」参照　pregnancy discrimination in employment, *see Young v. United Parcel Service*; Pregnancy Discrimination Act
職務執行令状　writ of mandamus……14-15
女性に対する暴力防止法　Violence Against Women Act……58, 86
ジョンソン、アンドリュー　Johnson, Andrew……34

信教の自由回復法（RFRA）　Religious Freedom Restoration Act（RFRA）……85, 91
水質汚染防止法　Clear Water Act……29
スウェット、ヒーマン　Sweatt, Heman……21
スウェット対ペインター判決　*Sweatt v. Painter*（1950）……21
スーター、デヴィッド・H　Souter, David H.……46, 76, 79, 84, 102, 118, *xxv*
スカリア、アントニン　Scalia, Antonin……23, 79, 118, 136, 140-142, *xix*
　解釈手法　interpretive methods……22-23, 28-29
　死去　death of……23, 43
　修正２条に関する判決　Second Amendment case……22-23
　承認にかかる上院司法委員会の聴聞会　confirmation hearing……41
スチュアート対レアード判決　Stuart v. Laird（1803）……16
スティーブンス、ジョン・ポール　Stevens, John Paul……79, 134, *xxx*
　イデオロギー的傾向の転換　ideological drift……46, 118
　死去　death of……134
　修正条項２条に関する判決　Second Amendment case……22-23
　障がい者に関する判決について　on disabilities case……27
　ハムダン対ラムズフェルド判決について　on *Hamdan v. Rumsfeld*（2006）……90
　判事たちの多様な出自　and Court diversity……118
ストーリー、ジョセフ　Story, Joseph……114, *xxiv*
ストーン、ハーラン・フィスク　Stone, Harlan Fiske……53, *xxviii*
政府機関　branches of government
　その設置　establishment of……4
　「政府機関の相互関係」参照　*See also* interbranch relations
政府機関の相互関係　interbranch relations
　連邦最高裁判所と大統領との対立　Supreme Court conflicts with presidents……78, 81-84, 87-90
　連邦最高裁判所と連邦議会との対立　Supreme Court conflicts with Congress……77-91, 115
センセンブレナー、F・ジェイムス　Sensenbrenner, F. James……112
ソトマイヨール、ソニア　Sotomayor, Sonia……35-36, 38, 43, 93, 136

■タ　行

ダール、ロバート・A　Dahl, Robert A.……101
大気汚染防止法　Clean Air Act……29-30
大統領権限（連邦最高裁判所判決における）　presidential authority, Supreme Court

opinions on……88-91
ダグラス、ウィリアム・O　Douglas, William O.……48-49, 118, 134, *xxviii*
タフト、ウィリアム・ハワード　Taft, William Howard……52-54, 60-61, 120, *xxvii*
　係属事件に対する裁量権　on docket control……60-62
　長官就任前の経歴　preparation for office……52-53
　連邦最高裁判所庁舎　and Supreme Court Building……63-64
拿捕事件控訴裁判所　Court of Appeals in Cases of Capture……4
弾劾　impeachment
　連邦最高裁判所長官の役割　role of chief justice in……4-5
　ドナルド・トランプに対する　of Donald Trump……51
　ビル・クリントンに対する　of Bill Clinton……51
　連邦最高裁判所判事に対する　of Supreme Court justices……48-49
チェイス、サーモン　Chase, Salmon P.……52, 119, *xxvi*
チェイス、サミュエル　Chase, Samuel P.……48-49, *xxiv*
チザム対ジョージア州判決　*Chisholm v. Georgia*（1793）……11
ディッカーソン対合衆国判決　*Dickerson v. United States*（2000）……96
デヴィンズ、ニール　Devins, Neal……124, 131
鉄鋼業接収判決　Steel Seizure case……89-90
同性愛者に関する判決　gay rights cases……112
　オーバーゲフェル対ホッジス判決　*Obergefell v. Hodges*（2015）……17
　グッドリッジ対州公衆衛生省判決　*Goodridge v. Department of Public Health*（2003）……17
　バウアーズ対ハードウィック判決　*Bowers v. Hardwick*（1986）……112
　ローレンス対テキサス州判決　*Lawrence v. Texas*（2003）……112
投票権法　Voting Rights Act……69
トーニー、ロジャー・B　Taney, Roger B.……35, *xxv*
ドーフ、マイケル・C　Dorf, Michael C.……117-118, 141
トーマス、クラレンス　Thomas, Clarence……44-45, 79, 92, 118, 136-137, *xxx*
トーマス、ジリアン　Thomas, Gillian……116-117
独立企業全国連合対セベリウス判決　*National Federation of Independent Business v. Sebelius*（2012）……19, 87-88
独立企業全国連合対労働省労働安全衛生局判決　*National Federation of Independent Business v. Department of Labor, Occupational Safety and Health Administration*（2022）……92
ドブス対ジャクソン女性健康機構判決　*Dobbs v. Jackson Women's Health Organization*（2022）……20-21, 101
トヨタ自動車対ウィリアムズ判決　*Toyota Motor Mfg. v. Williams*（2002）……26

トランプ、ドナルド・J　Trump, Donald J.……36, 44–45, 51, 88, *xxx*
トランプ対ハワイ州判決　*Trump v. Hawaii* (2018) ……19–20, 56, 92
トルーマン、ハリー・S　Truman, Harry S.……89–90, 99, *xxix*
奴隷制に関する判決　slavery cases……16
ドレッド・スコット判決　Dred Scott decision (*Scott v. Sandford* (1857)) ……16

■ナ　行

南東ペンシルバニア家族計画協会対ケイシー判決　*Planned Parenthood of Southeastern Pennsylvania v. Casey* (1992) ……101–104
ニクソン、リチャード　Nixon, Richard……46, 49, 56, 88, 99, 124, *xxix*
ニューディール　New Deal……83–84
　「フランクリン・D・ルーズベルト」参照　*See also* Franklin Delano Roosevelt
ニューヨーク州ライフル＆ピストル協会対ブルーエン　*New York State Rifle and Pistol Association v. Bruen* (2022) ……20
任期　tenure
　世界の最高裁判所裁判官の　for justices worldwide……100
　連邦最高裁判所判事の　for Supreme Court justices……34, 99, 118–119
妊娠差別禁止法　Pregnancy Discrimination Act　27
妊娠中絶に関する判決　abortion cases
　南東ペンシルバニア家族計画協会対ケイシー判決　*Planned Parenthood of Southeastern Pennsylvania v. Casey* (1992) ……101–104
　世論の役割　role of public opinion in……100–101, 123–124
　ロー対ウェイド判決　*Roe v. Wade* (1973) ……20–22, 101–102, 105
ネバダ州人材開発省対ヒッブス判決　*Nevada Department of Human Resources v. Hibbs* (2003) ……87

■ハ　行

バーウェル対ホビー・ロビー・ストア社判決　*Burwell v. Hobby Lobby Stores, Inc.* (2014) ……91–92
バーガー、ウォーレン・E　Burger, Warren E.……46, 56, 58–59, 118, *xxix*
パーシリー、ナサニエル　Persily, Nathaniel……116, 123–124
バートン、ハロルド・H　Burton, Harold H.……37, *xxix*
バーニー市対フローレス判決　*City of Boerne v. Flores* (1997) ……86
バーバンク、スティーブン・B　Burbank, Stephen B.……77, 122
バイデン、ジョセフ・R　Biden, Jospeh R.……35, 45, 79, *xxxi*
バウアーズ対ハードウィック判決　*Bowers v. Hardwick* (1986) ……112
パウエル、ルイス・F、ジュニア　Powell, Lewis F. Jr.……36, 39, 118, *xxix*

パターソン、ウィリアム　Paterson, William……7, *xxiv*
ハミルトン、アレキサンダー　Hamilton, Alexander……4
ハムダン対ラムズフェルド判決　*Hamdan v. Rumsfeld*（2006）……90
バレット、エイミー・コニー　Barrett, Amy Coney……35-36, 45, 72, 138, *xxx*
判決　opinions
　「6月の判決」“June opinions”……74-75
　刊行　publication of……125-126
　勧告的意見　advisory……7-8
　執筆担当者の割り当て　assignment of……54-55
　判決の言渡し　announcement of……75, 80
　反対意見　dissenting……75, 80
判事の指名と承認のプロセス　nomination process……33-38
判事の承認にかかる上院司法委員会の聴聞会　confirmation hearings……37-45
判例一覧　case list……*xxiv-xxxi*
　「個別判決の名称」参照　*See also* specific case titles
避妊関連サービス、「バーウェル対ホビー・ロビー・ストア社判決」参照　birth control, *see Burwell v. Hobby Lobby Stores, Inc.*（2014）
ピュー・リサーチ・センター　Pew Research Center……124
ヒューズ、チャールズ・エヴァンズ　Hughes, Charles Evans……53, 65, *xxvii-xxviii*
ヒル、アニタ　Hill, Anita……44
フィーニー改正法　Feeney Amendment……80
フーヴァー、ハーバート　Hoover, Herbert……53, *xxviii*
ブーメディエン対ブッシュ判決　*Boumediene v. Bush*（2008）……78, 113
フォード、ジェラルド・R　Ford, Gerald R.……42
ブッシュ、ジョージ・H・W　Bush, George H. W.……*xxx*
ブッシュ、ジョージ・W　Bush, George W.……*xxx*
　環境問題判決（マサチューセッツ州対環境保護庁判決）　environmental case（*Massachusetts v. Environmental Protection Agency*（2007））……29-30
　グアンタナモ湾米軍基地拘禁問題　Guantanamo Bay detention controversy……90-91, 115
　就任式　inauguration……59
　任命した連邦最高裁判所判事　Supreme Court appointees……41-42, 82, *xxx*
　ハムダン対ラムズフェルド判決　*Hamdan v. Rumsfeld*（2006）……90
　ブーメディエン対ブッシュ判決　*Boumediene v. Bush*（2008）……115
　ブッシュ対ゴア事件　*Bush v. Gore*（2000）……68
フラー、メルヴィル・W　Fuller, Melville W.……53-54, *xxvi*
ブライヤー、スティーブン・G　Breyer, Stephen G.……23-24, 27, 35, 42, 79, 93, 113,

141, *xxx*
引退　retirement……24, 45
外国の判決の引用についての見解　views on citing foreign courts……113-114
解釈手法　interpretive methods……23, 28, 140-141
死刑についての見解　views on death penalty……95-96
ブラウン対教育委員会判決　*Brown v. Board of Education* (1954) ……21, 125
ブラック、ヒューゴ・L　Black, Hugo L.……37, 89, 99, 134, *xxviii*
ブラックマン、ハリー・A　Blackmun, Harry A.……46, 55-56, 118, 120, 135, *xxix*
ブランダイス、ルイス・D　Brandeis, Louis D.……35, 134, *xxviii*
フリードマン、バリー　Friedman, Barry……124, 131
ブレア、ジョン、ジュニア　Blair, John Jr.……7, 10, *xxiv*
プレッシー対ファーガソン判決　*Plessy v. Ferguson* (1896) ……21
ブレナン、ウィリアム・J、ジュニア　Brennan, William J. Jr.……59, *xxix*
米国シェブロン社対天然資源保護協議会判決　*Chevron U.S.A. Inc. v. Natural Resources Defense Council* (1984) ……116
ヘイバーン事件　Hayburn's Case (1792) ……10
ペリー、H・W　Perry, H. W.……120, 139
「防御的不受理」 "defensive denials"……70, 73, 120-121
法廷助言者からの趣意書（アミカス・キュリエ・ブリーフ）　amicus curiae briefs ……104-105, 112
法律に関する訴訟　statutory cases……24-29, 80-84
ボーク、ロバート・H　Bork, Robert H.……38-41
ボーム、ローレンス　Baum, Lawrence……118, 130-131
ホワイト、エドワード・D　White, Edward Douglass……53, *xxvii*
ホワイト、バイロン・R　White, Byron R.……46, *xxvii*

■マ　行

マーシャル、サーグッド　Marshall, Thurgood……21, 35, 113-114, *xxiv*
マーシャル、ジョン　Marshall, John……12-16, 86, 88, 115, 134, 147, *xxiv*
マーティン、アンドリュー・D　Martin, Andrew D.……98, 123
マーティン対ハンターの賃借人判決　*Martin v. Hunter's Lessee* (1816) ……114
マーバリー対マディソン判決　*Marbury v. Madison* (1803) ……13-15, 41, 86
マーフィー対UPS判決　*Murphy v. United Parcel Service* (1999) ……26
マコーネル、ミッチ　McConnell, Mitch……43-44
マサチューセッツ最高司法裁判所　Massachusetts Supreme Judicial Court……5, 17
マサチューセッツ州対環境保護庁判決　*Massachusetts v. Environmental Protection Agency* (2007) ……30-32

マディソン、ジェームズ　Madison, James……14, 114, *xxiv*
ミランダ対アリゾナ州判決　*Miranda v. Arizona*（1966）……96
ミントン、シャーマン　Minton, Sherman……37, *xxix*
メッツガー、ジリアン・E　Metzger, Gillian……116
モーズ対フレデリック判決　*Morse v. Frederick*（2007）……71, 121

■ヤ　行

ヤング、ペギー　Young, Peggy……28
ヤングスタウン・シート＆チューブ社対ソーヤー判決　*Youngstown Sheet & Tube Co. v. Sawyer*（1952）……47, 89
ヤング対 UPS 判決　*Young v. United Parcel Service*（2015）……27
世論　public opinion
　党派的対立　partisanship and……37, 42–43
　反多数主義的という批判　and "counter-majoritarian" critique……99
　連邦最高裁判所の与える影響　Court's influence on……95–98
　連邦最高裁判所の反応　Court's responsiveness to……91–93, 95–100
　「法廷助言者からの趣意書（アミカス・キュリエ・ブリーフ）」参照　*See also* amicus curiae briefs

■ラ　行

ラスール対ブッシュ判決　*Rasul v. Bush*……91
ラトリッジ、ジョン　Rutledge, John……7, 11–12, 53, *xxiv*
ランドロフ、エドムンド　Randolph, Edmund……4–5
リー対ワイズマン判決　*Lee v. Weisman*（1992）……55, 120
リリー・レッドベター公正賃金法　Lilly Ledbetter Fair Pay Act……80–81, 122
ルーズベルト、フランクリン・D　Roosevelt, Franklin D.
　最高裁判所抱き込み計画　court-packing plan……83–84, 99–100
　連邦最高裁判所との対立　conflicts with Supreme Court……33–34, 37, 83–84
　連邦最高裁判所判事の任命　Court appointees……46–48, 89, 99, *xxviii*
レヴィンソン、サンフォード　Levinson, Sanford……71–72, 118–119, 121, 130
レーガン、ロナルド　Reagan, Ronald……38, 53, *xxx*
レーンキスト、ウィリアム・H　Rehnquist, William H.……58–59, 118
　合衆国対ロペス判決について　on *United States v. Lopez*（1995）……84
　グラッター対ボリンジャー判決について　on *Grutter v. Bollinger*（2003）……97
　クリントン大統領の弾劾裁判　Clinton's impeachment trial……51, 119
　死去　death of……59

女性に対する暴力防止法について　on the Violence Against Women Act……58, 86

長官へ昇格　elevation to chief justice……53

ディッカーソン対合衆国判決について　on *Dickerson v. United States*（2000）……96

ネバダ州人材開発省対ヒッブス判決について　on *Nevada Department of Human Resources v. Hibbs*（2003）……87

判事就任前の経歴　preparation for office……36

フィーニー改正法について　on Feeney Amendment……80

ブッシュ大統領の就任式　Bush inauguration……51

ミランダ判決に対する批判　critique of Miranda……96

世論について　on public opinion……96–97, 123

リー対ワイズマン判決について　on *Lee v. Weisman*（1992）……55

レーンキスト長官の時代の連邦最高裁判所　Rehnquist Court……83–87

レッドベター対グッドイヤー・タイヤ＆ラバー社判決　*Ledbetter v. Goodyear Tire & Rubber Co., Inc.*（2007）……81–83, 98, 122

連合規約　Articles of Confederation……4

連邦議会　Congress

裁判官の報酬に対する責務　responsibility for judicial salaries……78

裁判所からの裁判権はく奪の動き　Court-stripping attempts by……79–80

法律に関する訴訟　statutory cases……24–29, 68–69

連邦最高裁判所との権力争い　power struggles with Supreme Court……13–16, 77–91, 116–117

「法律に関する訴訟」「個々の法律」参照　*See also* statutory cases; specific Acts

連邦軍法上訴裁判所　U.S. Court of Appeals for the Armed Forces……18, *xxi*

連邦控訴裁判所　U.S. Courts of Appeals……7, 18, 55, 69, 81, *xxi*

連邦最高裁判所　Supreme Court

ウェブサイト　websites……75, 143

勧告的意見の回答拒否　refusal of advisory role……7–8

拠点　homes for……8–9, 63–64

権限の自己規定　jurisdictional self-definition……3–9, 60–62

国民の理解　public' s understanding of……100, 123–124

事件の選別　case selection……60–62, 67–71

「裁量上訴受理令状」参照　*See also* writ of certiorari

事務局　administrative offices……57

趣意書　briefs……56–57

初期の歴史　early history……9–15

設立　founding of……3-7
日程　calendar……73-74
判決の言渡し　opinion announcements……75, 80
弁論　arguments……64-68, 74-76, 111, *xxii-xxiii*
連邦議会との関係　Congress, relations with……77-90
連邦最高裁判所規則　rules……69, 104, 116
連邦最高裁判所規則本文　rules, text……*xxii-xxiii*
連邦最高裁判所の規模　size of court……4, 33-34
ロー・クラーク　law clerks……70-71, 139
「連邦最高裁判所長官」「憲法解釈」「政府機関の相互関係」「連邦最高裁判所庁舎」「連邦最高裁判所判事」「連邦最高裁判所の審理」参照　*See also* chief justices; constitutional interpretation; interbranch relations; Supreme Court Building; Supreme Court justices; Supreme Court review
連邦最高裁判所長官　chief justices
象徴的役割　symbolic role……59
承認手続　confirmation process……53
職務の確立　establishment of office……4-5, 50-51
その長官の時代の連邦最高裁判所　courts named for……59-60
任務と権限　duties and power……4-5, 50-59, 115-116
陪席判事からの昇格　promotion from associate justice……53
判決執筆担当者を割り当てる特権　opinion assignment function……54-55
名称　title……53-54
連邦裁判所に関する年次報告　annual report on the federal judiciary……58-59
「個々の長官」参照　*See also* individual chief justices
連邦最高裁判所庁舎　Supreme Court Building
記者控室　press room……76
玄関　entrance……63-64
写真　photos……65, 67, 113
設計と建設　design and construction……63-65
法廷　courtroom……67, 75-76
連邦最高裁判所に関する大統領諮問委員会　Presidential Commission on the Supreme Court of the United States……35
連邦最高裁判所の審理　Supreme Court review
外国の判決の引用　citation of foreign courts……113-114
口頭弁論　oral arguments……64-68, *xxii-xxiii*
裁判権　jurisdiction……4, 6-8, 11, 15, 17
事件選別プロセス　case selection process……61-62, 69-74

事件争訟性の要件　case-and-controversy requirement……30–32
上訴の障壁　obstacles to……17–18, 30–32
判決の言渡し　opinion announcements……75, 80
判決の執筆　opinion writing……54–56
法廷助言者からの趣意書（アミカス・キュリエ・ブリーフ）　amicus curiae briefs……104–105, 112
「申立て担当」 "cert pool" ……70
「裁量上訴受理令状」参照　*See also* writ of certiorari
連邦最高裁判所判事　Supreme Court justices
イデオロギー的傾向の転換　ideological drift by……46
在任期間最長　longest-serving……48
資格要件　qualification requirements……33
指名承認プロセス　nomination and confirmation process……37–45
写真　photos……14, 38, 48, 54, 60, 79
終身任期制　life tenure for……34–35, 99, 110
就任までの経歴　professional backgrounds……36–37
多様な出自　diversity in……35–36
弾劾　impeachment of……48–49, 77–78, 118–119
人数　number of……5, 33–34
判事一覧　list of……*xxiv–xxxi*
「連邦最高裁判所長官」「個々の判事」参照　*See also* chief justices; individual justices
連邦司法制度　federal judiciary
外国の判決の引用　citing of non-U.S. rulings……113–114
規模　size of……56–57
裁判官の報酬に対する連邦議会の責務　Congressional oversight of salaries……78
裁判権　jurisdiction of……30–32
設立　establishment of……6–7
連邦議会による裁判所からの裁判権はく奪の動き　court-stripping attempts by Congress……79–80, 122
連邦最高裁判所抱き込み計画、「フランクリン・D・ルーズベルト」参照　Court-packing plan, *see* Franklin Delano Roosevelt
連邦最高裁判所長官の年次報告書　chief justice's annual report……59
「原告適格」参照　*See also* standing
「連邦最高裁判所」参照　*See also* Supreme Court
連邦主義的変革　federalism revolution……84–87

ロー対ウェイド判決　*Roe v. Wade*（1973）……20–22, 72, 101–102, 105
ローパー対シモンズ判決　*Roper v. Simmons*（2005）……107, 112
ローレンス対テキサス州判決　*Lawrence v. Texas*（2003）……112
ロバーツ、ジョン・G、ジュニア　Roberts, John G. Jr.……51, 79, *xxx*
　一般教書演説の件　State of the Union episode……79
　裁判官の昇給の主張　advocacy for judicial pay raise……78
　上院の弾劾裁判での裁判長　presiding over Senate impeachment trial……51
　承認にかかる上院司法委員会の聴聞会　confirmation hearing……42
　長官就任前の経歴　preparation for office……66
　長官としての指名　nomination as chief justice……12, 41–42
　連邦最高裁判所正面玄関の閉鎖　closing of Supreme Court entrance……64
　連邦裁判所に関する年次報告書　annual report on Federal Judiciary……59

■ワ　行

ワシントン、ジョージ　Washington, George
　法的問題　questions of law for……8
　連邦最高裁判所長官の指名　chief justice nominations……11–12
　連邦最高裁判所判事の任命　Supreme Court appointees……*xxiv*
ワシントン州対グラックスバーグ判決　Washington v. Glucksberg（1997）……99

〔付録1〕　合衆国憲法3条

第1節　合衆国の司法権は、1つの最高裁判所と、連邦議会が随時制定し設置する下級裁判所に属する。最高裁判所および下級裁判所の裁判官はいずれも、非行なき限り、その職を保持する。これらの裁判官は、その職務に対して定められた時期に報酬を受ける。その額は、在職中減額されない。

第2節　［第1項］　合衆国の司法権は次の諸事件に及ぶ。この憲法、合衆国の法律および合衆国の権限に基づいて締結され、または将来締結される条約のもとで発生するコモン・ロー上およびエクイティ上のすべての事件。大使その他の外交使節および領事にかかわるすべての事件。海事法および海事裁判権に関するすべての事件。合衆国が当事者の一方である争訟。2つ以上の州の間の争訟。ある州と他州の市民との間の争訟［修正11条により改正]。異なる州の市民の間の争訟。それぞれ別々の州から付与された土地の権利を主張する、同じ州の市民の間の争訟。ある州またはその市民と、外国またはその市民もしくは統治されている者［修正11条により改正］との間の争訟。

［第2項］　大使その他の外交使節および領事にかかわるすべての事件、ならびに州が当事者であるすべての事件については、最高裁判所は、第一審裁判権を有する。前項に掲げたその他の事件については、最高裁判所は、連邦議会の定める例外を除き、連邦議会の定める規則に従い、法律問題および事実問題の双方について上訴裁判権を有する。

［第3項］　弾劾事件を除き、すべての犯罪の裁判は、陪審によって行われなければならない。裁判は、当該犯罪が行われた州で行われなければならない。ただし、犯罪がいかなる州にも属さないところで行われたときは、裁判は、連邦議会が法律で定める1または2以上の場所で行われるものとする。

第3節　［第1項］　合衆国に対する反逆罪は、合衆国に対して戦争を起

こす場合、あるいは合衆国の敵に援助と便宜を与えてこれに加担する場合にのみ、成立するものとする。何人も、同一の公然となされた行為についての2名の証人の証言、または公開の法廷での自白によるのでなければ、反逆罪で有罪とされない。

［第2項］　連邦議会は、反逆罪の処罰を宣言する権限を有する。ただし、反逆罪を理由とした権利剥奪は、権利を剥奪された者が存命中でなければ、血統汚損または財産没収に及んではならない。

〔付録２〕　連邦最高裁判所規則（抜粋）（2019年７月施行）

（裁量上訴の審査に関わる考慮事項）

10条　裁量上訴受理令状の発行にかかる審査は権利の問題ではなく、司法の正当な裁量の問題である。裁量上訴受理令状の申立ては、切実な理由がある場合に限り認められるものである。以下の事項は当裁判所の裁量を抑制し完全に修正するものではないが、当裁判所が検討対象にする上訴理由の特徴を示すものである。

（ａ）　連邦控訴裁判所が、同じ重要案件に関する他の連邦控訴裁判所の判決と矛盾する判決を下した場合；同裁判所が、州の終審裁判所の判決と矛盾する形で重要な連邦問題を判決した場合；あるいは同裁判所がここまで、当裁判所の監督権の行使を必要とするほどに、一般的かつ通常の訴訟手続から逸脱し、もしくは下級裁判所の逸脱を承認している場合

（ｂ）　州の終審裁判所が、他州の終審裁判所または連邦控訴裁判所の判決と矛盾する形で、重要な連邦問題を判決した場合

（ｃ）　州裁判所または連邦控訴裁判所が、重要な連邦法の問題で、当裁判所で決着していないがそうすべき問題を判決し、もしくは重要な連邦問題を関連する当裁判所の判決と矛盾する形で判決した場合

主張が事実認定の誤りまたは正しく記述された法の適用の誤りである場合、裁量上訴受理令状の申立てが認められることはほとんどない。

（裁量上訴の審査――申立ての期限）

13条

1．別に法律の定めがある場合を除き、民事事件又は刑事事件を問わず、州の終審裁判所あるいは連邦控訴裁判所（連邦軍法上訴裁判所を含む）が下した判決の上訴を求める裁量上訴受理令状の申立書は、同判決が下されてから90日以内に当裁判所の書記官に提出されなければならない。（略）

2．書記官は、申立期間を経過した裁量上訴受理令状の申立書を受け付けない。（略）

3．裁量上訴受理令状の申立期限は、再審査を求める判決または命令の確定日から起算する。（略）

4．正当な理由がある場合、判事は60日を超えない期間において、裁量上訴受理令状の提出期限を延長することができる。（中略）提出期限の延長申請は望ましいものではない。

（裁量上訴受理令状の申立書の内容）

14条

1．裁量上訴受理令状の申立書には、次の内容を以下の順序で記載しなければならない。

（a） 余計な詳細を含まず、事件の状況に関連して端的に表現された上訴にかかる争点。それは、簡潔でなければならず、議論提起的もしくは反復的であってはならない。（中略）争点は表紙に続く最初の頁に記載するものとし、当該頁には他の情報を記載してはならない。提起された争点に関する記述は、そこに適正に含まれるすべての付随的な争点を含むものとみなされる。当裁判所は、当該申立書に記載の争点またはそれに適正に含まれる争点のみを審理する。（略）

2．裁量上訴受理令状の申立書は、簡潔かつ平易に記述されなければならない。（略）

3．審理を求める論点の迅速かつ適切な理解に不可欠な事項を正確、簡潔、明瞭に提示することができない場合、当裁判所が上訴申立てを退ける十分な理由になる

（口頭弁論）

28条

1．口頭弁論では、本案趣意書に記された主張を強調し明確にすべきである。弁護人は、判事全員が事前に趣意書に目を通していると想定しなければならない。事前に用意した書面を読み上げる弁論は望

ましくない。（略）

〔付録３〕 連邦最高裁判所の判事一覧

指名大統領／判事名	就任宣誓年月日	退任理由と年月日	在任期間
ジョージ・ワシントン大統領			
ジョン・ジェイ〔長官〕	1789年10月19日	辞任、1795年６月29日	６年
ジョン・ラトリッジ	1790年２月15日	辞任、1791年３月５日	１年
ウィリアム・クッシング	1790年２月２日	死去、1810年９月13日	21年
ジェイムズ・ウィルソン	1789年10月５日	死去、1798年８月21日	９年
ジョン・ブレア	1790年２月２日	辞任、1795年10月25日	６年
ジェイムズ・アイアデル	1790年３月12日	死去、1799年10月20日	９年
トーマス・ジョンソン	1791年９月19日	辞任、1793年１月16日	１年
ウィリアム・パターソン	1793年３月11日	死去、1806年９月９日	13年
サミュエル・チェイス	1796年２月４日	死去、1811年６月19日	15年
ジョン・ラトリッジ〔長官昇格〕	1795年８月12日	上院の承認拒否、1795年12月15日	４か月
オリバー・エルスワース〔長官〕	1796年３月８日	辞任、1800年12月15日	４年
ジョン・アダムズ大統領			
ブッシュロッド・ワシントン	1798年11月９日	死去、1829年11月26日	31年
アルフレッド・ムーア	1800年４月21日	辞任、1804年１月26日	４年
ジョン・マーシャル〔長官〕	1801年２月４日	死去、1835年７月６日	34年
トーマス・ジェファーソン大統領			
ウィリアム・ジョンソン	1804年５月７日	死去、1834年８月４日	30年
H・ブロックホルスト・リヴィングストン	1807年１月20日	死去、1823年３月18日	16年
トーマス・トッド	1807年５月４日	死去、1826年２月７日	19年
ジェームズ・マディソン大統領			
ジョセフ・ストーリー	1812年２月３日	死去、1845年９月10日	34年

ガブリエル・デュバル	1811年11月23日	辞任、1835年1月14日	23年
ジェームズ・モンロー大統領			
スミス・トンプソン	1823年9月1日	死去、1843年12月18日	20年
ジョン・クィンシー・アダムズ大統領			
ロバート・トリンブル	1826年6月16日	死去、1828年8月25日	2年
アンドリュー・ジャクソン大統領			
ジョン・マクレーン	1829年3月12日	死去、1861年4月4日	32年
ヘンリー・ボールドウィン	1830年1月18日	死去、1844年4月21日	14年
ジェームズ・M・ウェイン	1835年1月14日	死去、1867年7月5日	32年
ロジャー・B・トーニー〔長官〕	1836年3月28日	死去、1864年10月12日	28年
フィリップ・B・バーバー	1836年5月12日	死去、1841年2月25日	5年
ジョン・カトロン	1837年5月1日	死去、1865年5月30日	28年
マーティン・ヴァン・ビューレン大統領			
ジョン・マッキンレー	1838年1月9日	死去、1852年7月19日	15年
ピーター・V・ダニエル	1842年1月10日	死去、1860年5月31日	19年
ジョン・タイラー大統領			
サミュエル・ネルソン	1845年2月27日	引退、1872年11月28日	27年
ジェームズ・K・ポーク大統領			
リーヴァイ・ウッドベリー	1845年9月23日	死去、1851年9月4日	5年
ロバート・C・グリア	1846年8月10日	引退、1870年1月31日	23年
ミラード・フィルモア大統領			
ベンジャミン・R・カーティス	1851年10月10日	辞任、1857年9月30日	5年
フランクリン・ピアース大統領			
ジョン・A・キャンベル	1853年4月11日	辞任、1861年4月30日	8年

〔付録 3〕 連邦最高裁判所の判事一覧

ジェームズ・ブキャナン大統領			
ネイサン・クリフォード	1858年1月21日	死去、1881年7月25日	23年
エイブラハム・リンカーン大統領			
ノア・H・スウェイン	1862年1月27日	引退、1881年1月24日	19年
サミュエル・F・ミラー	1862年7月21日	死去、1890年10月13日	28年
デービッド・デイビス	1862年12月10日	辞任、1877年3月4日	14年
スティーブン・J・フィールド	1863年5月20日	引退、1897年12月1日	34年
サーモン・チェイス〔長官〕	1864年12月15日	死去、1873年5月7日	8年
ユリシーズ・S・グラント大統領			
ウィリアム・ストロング	1870年3月14日	引退、1880年12月14日	10年
ジョセフ・P・ブラッドリー	1870年3月23日	死去、1892年1月22日	21年
ウォード・ハント	1873年1月9日	引退、1882年1月27日	9年
モリソン・R・ワイト	1874年3月4日	死去、1888年3月23日	14年
ラザフォード・B・ヘイズ大統領			
ジョン・マーシャル・ハーラン	1877年12月10日	死去、1911年10月14日	34年
ウィリアム・B・ウッズ	1881年1月5日	死去、1887年5月14日	6年
ジェームズ・ガーフィールド大統領			
スタンリー・マシューズ	1881年5月17日	死去、1889年3月22日	7年
チェスター・A・アーサー大統領			
ホレイス・グレイ	1882年1月9日	死去、1902年9月15日	20年
サミュエル・ブラッチフォード	1882年4月3日	死去、1893年7月7日	11年
グロバー・クリーブランド大統領（第1期）			
ルーシャス・Q・C・ラマー	1888年1月18日	死去、1893年1月23日	5年
メルヴィル・F・フラー〔長官〕	1888年10月8日	死去、1910年7月4日	20年

ベンジャミン・ハリソン大統領			
デヴィッド・J・ブルーワー	1890年1月6日	死去、1910年3月28日	20年
ヘンリー・B・ブラウン	1891年1月5日	引退、1906年5月28日	15年
ジョージ・シラス・ジュニア	1892年10月10日	引退、1903年2月23日	10年
ハウエル・E・ジャクソン	1893年3月4日	死去、1895年8月8日	2年
グロバー・クリーブランド大統領（第2期）			
エドワード・D・ホワイト	1894年3月12日	長官昇格、1910年12月18日	17年
ルーファス・W・ペッカム	1896年1月6日	死去、1909年10月24日	13年
ウィリアム・マッキンリー大統領			
ジョセフ・マッケナ	1898年1月26日	引退、1925年1月5日	26年
セオドア・ルーズベルト大統領			
オリバー・ウェンデル・ホームズ	1902年12月8日	引退、1932年1月12日	29年
ウィリアム・R・デイ	1903年3月2日	引退、1922年2月23日	19年
ウィリアム・H・ムーディ	1906年12月17日	引退、1910年11月20	3年
ウィリアム・ハワード・タフト大統領			
ホレイス・H・ラートン	1910年1月3日	死去、1914年7月12日	4年
チャールズ・E・ヒューズ	1910年10月10日	辞任、1916年6月10日	6年
エドワード・D・ホワイト〔長官昇格〕	1910年12月19日	死去、1921年5月21日	10年
ウィリス・ヴァン・ドヴァンター	1911年1月3日	引退、1937年6月21日	26年
ジョゼフ・R・ラマー	1911年1月3日	死去、1916年1月2日	5年
マローン・ピッツニー	1912年3月18日	引退、1922年12月31日	10年
ウッドロー・ウィルソン大統領			
ジェームズ・C・マクレイノルズ	1914年10月12日	引退、1941年1月31日	26年

〔付録3〕　連邦最高裁判所の判事一覧

ルイス・D・ブランダイス	1916年6月5日	引退、1939年2月13日	22年
ジョン・H・クラーク	1916年10月9日	辞任、1922年9月18日	6年
ウォーレン・G・ハーディング大統領			
ウィリアム・H・タフト〔長官〕	1921年7月11日	引退、1930年2月3日	8年
ジョージ・サザーランド	1922年10月2日	引退、1938年1月17日	15年
ピアース・バトラー	1923年1月2日	死去、1939年11月16日	17年
エドワード・T・サンフォード	1923年2月19日	死去、1930年3月8日	7年
カルビン・クーリッジ大統領			
ハーラン・F・ストーン	1925年3月2日	長官昇格、1941年7月2日	16年
ハーバート・フーヴァー大統領			
チャールズ・E・ヒューズ〔長官昇格〕	1930年2月24日	引退、1941年6月30日	11年
オーウェン・J・ロバーツ	1930年6月2日	辞任、1945年7月31日	15年
ベンジャミン・N・カードーゾ	1932年3月14日	死去、1938年7月9日	6年
フランクリン・デラノ・ルーズベルト大統領			
ヒューゴ・L・ブラック	1937年8月19日	引退、1971年9月17日	34年
スタンリー・F・リード	1938年1月31日	引退、1957年2月25日	19年
フェリックス・フランクファーター	1939年1月30	引退、1962年8月28日	23年
ウィリアム・O・ダグラス	1939年4月17日	引退、1975年11月12日	36年
ウィリアム・マーフィー	1940年2月5日	死去、1949年7月19日	9年
ハーラン・F・ストーン〔長官昇格〕	1941年7月3日	死去、1946年4月22日	5年
ジェームズ・F・バーンズ	1941年7月8日	辞任、1942年10月3日	1年
ロバート・H・ジャクソン	1941年7月11日	死去、1954年10月9日	13年

ウィリー・B・ラトリッジ	1943年2月15日	死去、1949年9月10日	6年
ハリー・S・トルーマン大統領			
ハロルド・H・バートン	1945年10月1日	引退、1958年10月13日	13年
フレッド・M・ヴィンソン〔長官〕	1946年6月24日	死去、1953年9月8日	7年
トム・C・クラーク	1949年8月24日	引退、1967年6月12日	18年
シャーマン・ミントン	1949年10月12日	引退、1956年10月15日	7年
ドワイト・D・アイゼンハワー大統領			
アール・ウォーレン〔長官〕	1953年10月5日	引退、1969年6月23日	15年
ジョン・M・ハーラン	1955年3月28日	引退、1971年9月23日	16年
ウィリアム・J・ブレナン・ジュニア	1956年10月16日	引退、1990年7月20日	33年
チャールズ・E・ホイッタカー	1957年3月25日	引退、1962年3月31日	5年
ポッター・スチュワート	1958年10月14日	引退、1981年7月3日	22年
ジョン・F・ケネディ大統領			
バイロン・R・ホワイト	1962年4月16日	引退、1993年6月28日	31年
アーサー・J・ゴールドバーグ	1962年10月1日	辞任、1965年7月25日	3年
リンドン・B・ジョンソン大統領			
エイブ・フォータス	1965年10月4日	辞任、1969年5月14日	4年
サーグッド・マーシャル	1967年10月2日	引退、1991年10月1日	24年
リチャード・M・ニクソン大統領			
ウォーレン・E・バーガー〔長官〕	1969年6月23日	引退、1986年9月26日	17年
ハリー・A・ブラックマン	1970年6月9日	引退、1994年8月3日	24年
ルイス・F・パウエル・ジュニア	1972年1月7日	引退、1987年6月26日	16年
ウィリアム・H・レーンキスト	1972年1月7日	長官昇格、1986年9月26日	15年

〔付録 3〕 連邦最高裁判所の判事一覧

ジェラルド・R・フォード大統領			
ジョン・ポール・スティーブンス	1975年12月19日	引退、2010年 6 月29日	34年
ロナルド・レーガン大統領			
サンドラ・デイ・オコナー	1981年 9 月25日	引退、2006年 1 月31日	24年
ウィリアム・H・レーンキスト〔長官昇格〕	1986年 9 月26日	死去、2005年 9 月 3 日	19年
アントニン・スカリア	1986年 9 月26日	死去、2016年 2 月13日	30年
アンソニー・M・ケネディ	1988年 2 月18日	引退、2018年 7 月31日	30年
ジョージ・H・W・ブッシュ大統領			
デヴィッド・H・スーター	1990年10月 9 日	引退、2009年 6 月29日	18年
クラレンス・トーマス	1991年10月23日		
ウィリアム・J・クリントン大統領			
ルース・ベイダー・ギンズバーグ	1993年 8 月10日	死去、2020年 9 月18日	27年
スティーブン・G・ブライヤー	1994年 8 月 3 日	引退、2022年 6 月30日	28年
ジョージ・W・ブッシュ大統領			
ジョン・G・ロバーツ・ジュニア〔長官〕	2005年 9 月29日		
サミュエル・A・アリート・ジュニア	2006年 1 月31日		
バラク・オバマ大統領			
ソニア・ソトマヨール	2009年 8 月 8 日		
エレナ・ケイガン	2010年 8 月 7 日		
ドナルド・J・トランプ大統領			
ニール・ゴーサッチ	2017年 4 月10日		
ブレット・キャバノー	2018年10月 6 日		
エイミー・コニー・バレット	2020年10月27日		

ジョセフ・R・バイデン・ジュニア大統領	
ケタンジ・ブラウン・ジャクソン	2022年 6 月30日

基礎法学翻訳叢書　第6巻
アメリカ連邦最高裁判所

2024年 7 月20日　第 1 版第 1 刷発行

著　者　リンダ・グリーンハウス
訳　者　高《たか》畑《はた》英《えい》一《いち》郎《ろう》
発行者　井　村　寿　人

発行所　株式会社　勁《けい》草《そう》書　房
112-0005 東京都文京区水道2-1-1　振替　00150-2-175253
（編集）電話 03-3815-5277／FAX 03-3814-6968
（営業）電話 03-3814-6861／FAX 03-3814-6854
平文社・松岳社

ISBN978-4-326-45141-8　　Printed in Japan